死ぬまでに見たい
洋館の
最高傑作

JAPANESE BEAUTIFUL "YOUKAN"
YOU MUST SEE
BEFORE YOU DIE

東京エリア tokyo

- 洋館へ行こう … 4
- 本書を読む前に知っておきたい用語 … 5
- 1 東京都庭園美術館 … 8
- 2 オランダ王国大使公邸 … 14
- 3 インブリー館 … 20
- 4 清泉女子大学本館 … 24
- 5 原美術館 … 28
- 6 旧前田侯爵邸 … 34
- 7 小笠原伯爵邸 … 40
- 8 旧洋館御休所 … 46
- 9 鳩山会館 … 50
- 10 雑司が谷旧宣教師館 … 56
- 11 旧岩崎邸庭園 … 60
- 12 旧古河庭園 … 66
- 13 晩香廬 青淵文庫 … 70
- 14 ライシャワー館 外国人教師館 安井記念館 … 76
- 15 山本有三記念館 … 80
- 16 田園調布の家（大川邸）… 84
- 17 小出邸 … 88
- 18 前川國男邸 … 92

横浜・湘南エリア
yokohama・syōnan

No.	名称	頁
19	外交官の家	98
20	ブラフ18番館	104
21	ベーリック・ホール	108
22	エリスマン邸	112
23	山手234番館	116
24	えの木てい	120
25	山手資料館	122
26	横浜市イギリス館	124
27	山手111番館	128
28	鎌倉文学館	132
29	鎌倉市長谷子ども会館	136
30	旧華頂宮邸	138
31	旧近藤邸	144
32	小田原文学館	148

✻ 本書に掲載したデータは、2012年9月のものです。見学可能時間など、その後変更される場合もありますので、あらかじめご了承ください。

✻ 間取り図は、住宅として使われていた当時のものとしました。そのため、現在と異なる部分があります。また、物件によっては一部非公開の場合もあります。

✻ 見学の際には、建物を大切に扱うよう、ご配慮くださいますようお願いいたします。また、写真撮影の際には、内部撮影やフラッシュの使用の可否を必ず確認し、細心の注意を払うようにしてください。

洋館へ行こう

洋館ブームである。私の仕事は古建築の保存だから、日々全国の神社仏閣や古民家を見てまわる。有名社寺を中心に、大勢の参拝客を見かけるが、これはまあ普通。それに比べて、洋館を訪れる人は、近年まで建築科の学生や一部熱心な方々を除き、比較的マイナーだったと思う。しかし、今回取材のために訪れた鳩山邸で、次から次へと来館されるご婦人方を見たとき、あるいは、土曜日の早朝、比較的無名な洋館で、開館早々から見学にくる若いカップルを目撃したとき、ああ、世は洋館の時代になったと感慨を覚えた。

本書は、そんな洋館に興味をもち、洋館めぐりを始めようとする方々に向けたガイドブックである。類書はある。でも、建物の見所を専門的に解説し、しかも全ページをカラー写真で紹介するガイドは少ない。本書のねらいはそこにある。タイトルはともかく、収録した32件の洋館は、東京、横浜、湘南エリアの近代の洋風住宅で（和風の御殿などは除いた）、不定期であっても見学の機会があるものという観点から選んだ。上層階級の豪華な洋風邸宅をはじめ、横浜山手の洋館群、大学キャンパスの外国人教師館、果ては戦前のモダニズム住宅まで、幅広く取り上げている。本書を片手に洋館をめぐって、ぜひその バラエティに富んだ空間をご体験頂きたい。

ようこそ、豊潤なる洋館の世界へ。

田中禎彦

本書を読む前に知っておきたい用語

ア　アール・デコ
1920年〜30年代にかけて、欧米で流行した芸術様式。直線、同心円、幾何学模様を多用したデザインが特徴。

アール・ヌーヴォー
20世紀初頭、ヨーロッパにおこった装飾様式。植物模様や曲線を用いたデザインを、鉄やガラスなどの新しい素材に施し、表現する。

イ　イオニア式
古代ギリシャ・ローマ建築における柱の形式の一つ。柱頭に渦巻きの装飾が施され、柱身部分はやや細めである。

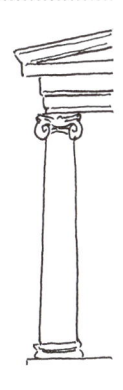

キ　切妻造り
屋根の形状の一つ。棟から本を伏せたように流れる2つの斜面をもつ。

サ　桟瓦葺き
断面の形状が波打つようにうねった瓦（桟瓦）を用いた屋根の葺き方。

シ　ジャコビアン様式
17世紀前半のイギリスにおいて、ルネッサンス建築の影響を受け展開した建築様式。ゴシックからルネッサンスへの過渡期の性格が色濃く見られる。

シングルスタイル
19世紀後半に、北米で流行した建築様式。建築物の外壁をシングル材と呼ばれる板で覆う。

シングル葺き
薄い板を重ね葺きする屋根の葺き方。

ス　スティックスタイル
19世紀後半にアメリカで流行した建築様式。スティック（木材）を連続した間柱として外観にあらわす。

スパニッシュ瓦
半円筒形をした瓦で、上瓦と下瓦を交互に重ねて葺いていく。スパニッシュ様式の建築に用いられる屋根瓦。

スパニッシュ様式
1920〜30年代にアメリカで流行した建築様式。白いスタッコ仕上げの外壁、スパニッシュ瓦葺きの屋根、パティオ（中庭）を設けるなどの特徴がある。

スレート葺
屋根の葺き方の一種。材料に粘板岩の薄板を用いた天然スレートを使う。

チ　チューダー様式
15世紀末、イギリスのチューダー朝に誕生した建築様式。後期ゴシック様式からルネサンスに至る過渡的様式。垂直線の強調、扁平アーチ、ハーフティンバー、切妻屋根などの特徴をもつ。

ト　トスカナ式
古代ローマ建築における柱の形式の一つ。古代ギリシャ建築のドリス式（装飾が少なく柱身には縦溝が彫られている）の変形で、柱身には溝がないものが多い。

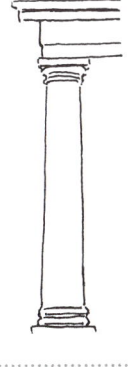

ニ　ニッチ
壁の一部をアーチ型や半円形にへこませ、装飾品などを置く部分のこと。

ハ　ハーフティンバー
柱や梁、筋かいなどの木造の骨組みを外部にあらわし、その間の壁を、石材、土壁、煉瓦などで埋める造り。

破風
屋根の妻側に山形に取りつけられた板。

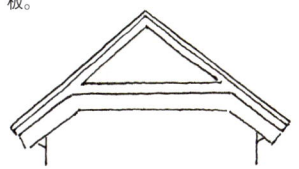

フ　フランス瓦
洋瓦の一つ。曲面をもたない扁形な形状をもつ。

ヘ　ペディメント
屋根や窓・出入り口の上部に取りつけられた三角形や円弧状の部分。その形状により、ブロークンペディメント、櫛形ペディメント、スワンネックペディメントなどがある。

モ　モダニズム
19世紀末の工業技術の革新によってもたらされた建築様式。機能的な平面計画、経済性と工業化を追求した施工、鉄やガラスなどの新素材の使用、幾何学的デザインの多用など、合理性を重んじる。

ヨ　寄棟造り
屋根の形状の一つ。棟から四方に流れる斜面をもつ。

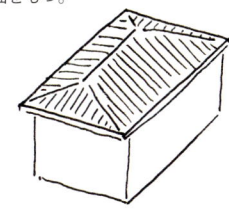

ロ　ロマネスク様式
主に中世ヨーロッパの教会に用いられた建築様式。半円アーチや交差ヴォールトが多用され、壁面は厚く、開口部は小さく少ないなどの特徴がある。

監修・文	田中禎彦 文化庁文化財第二課長。博士（工学）。京都大学大学院建築学専攻博士課程中退。文化庁建造物課文部技官、ICCROMプロジェクト・マネージャー等を経て2008年より現職。共著書に『近代建築史』（昭和堂）『日本の最も美しい名建築』（エクスナレッジ）『日本の建築空間』（新建築社）など。
写真	小野吉彦 東京工芸大学工学部建築学科卒業。写真家村瀬正弘氏に師事後独立。現在、文化財建造物を主に撮影、文化学園大学非常勤講師、日本写真家協会会員。共著に『お屋敷拝見』『お屋敷散歩』（河出書房新社）『日本の建築』（昭文社）など。
文	青木 祐介（p.96、p.98-103、p.116-127） 横浜開港資料館・横浜都市発展記念館 副館長。博士（工学）。東京大学大学院工学系研究科建築学専攻博士課程単位取得退学。横浜都市発展記念館調査研究員、同主任調査研究員、同副館長を経て、2020年より横浜開港資料館副館長を兼務。共著書に『「ジャックの塔」100年物語』（神奈川新聞社）、『つながる・みらいへ　横浜赤レンガ創建100周年に』（神奈川新聞社）、『文化遺産と現代』（同成社）、『日本近代建築大全 東日本編』（講談社）など。 金井 健（p.8-13、p.34-39、p.80-83、p.97、p.132-151） 東京文化財研究所文化遺産国際協力センター室長。修士（美術）。東京藝術大学美術研究科建築専攻修了。奈良文化財研究所、文化庁を経て2019年より現職。
デザイン	山城由（surmometer inc.）
イラスト	鶴崎いづみ
編集協力	ジーグレイプ
印刷・製本	図書印刷

東京エリア
tokyo

　明治維新後、新たな首都となった東京では、西洋の文化を取り込むために相次いで洋館が建てられるようになった。震災と戦渦で失われてしまったものも少なくないが、今でもさまざまなスタイルの洋館を見ることができる。

　岩崎邸や古河邸、島津邸などの華族や実業家など上層階級の邸宅では、その豪華さに目を奪われる。とりわけ岩崎邸は、外観、内観とも余すことなく装飾を施し、ルネッサンス、ジャコビアン、イスラムといったさまざまな様式が取り込まれ、見所が多い。一方、明治学院大学構内にあるインブリー館や雑司ヶ谷宣教師館、東京女子大学の外国人教師館には、全体に質実な印象を受ける。これらの建物は全室下足履の洋室で、ホールを中心に各室が展開する、純粋な外国人仕様でつくられている。

　様式的にもバラエティに富んでいる。まず前田邸に見られるチューダー。これは16世紀イギリスの様式で、扁平なアーチや切妻屋根を特徴としている。次に小笠原邸のスパニッシュ。スパニッシュはアメリカを経由して伝わり、大正から昭和初期にかけ、日本でも大流行した様式である。現存するスパニッシュ建築のなかでも小笠原邸は最も優れたものの一つだといえるだろう。あるいは朝香宮邸のアール・デコ。これは1925年のパリ万博に由来する意匠で、1930年代にかけ欧米で大流行したが、朝香宮邸のように、建物の内外装をアール・デコでまとめるのは世界的に見ても珍しい。さらに、こうした歴史的な様式を否定し、簡明さを打ち出したモダニズムの原邸や前川邸にも注目したい。とくに前川邸は木造モダニズムという我が国独自のジャンルを生み出し、やがて世界へと羽ばたいていく日本の現代建築の原点となった。

　東京の洋館は実に多様で、それぞれに魅力がある。ぜひ実際に訪ね歩いて見比べてほしい。

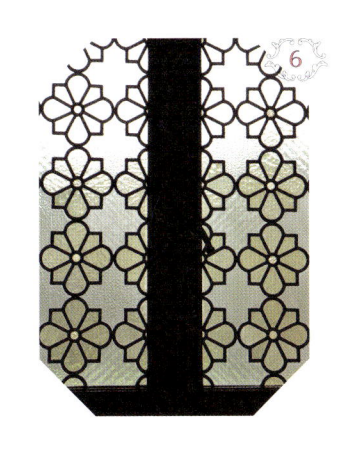

小さな通気口も
規則的に並べると
アクセントに

ブロックを積み重ねた
ような形のなかで目立つ
丸く飛び出した部屋

簡素な外観と
きらびやかな内装の
ギャップが新鮮

装飾を排したシンプルな外観にはモダンな美しさがある

姫宮寝室前の照明器具

フランスの巨匠たちが関わったアール・デコの傑作

東京都庭園美術館
（旧朝香宮鳩彦邸）

1
SINCE 1933
東京・港区

1 正面玄関の扉に取りつけられた女性像が浮き上がるガラス・レリーフは、ルネ・ラリックの作品

朝香宮夫妻が好んだアール・デコ

都心の瀟洒な住宅地として名高い白金だが、その中心部を国立科学博物館附属自然教育園の広大な森が占めていることはあまり知られていない。この森は、江戸時代には高松藩松平家の下屋敷（別邸）があったところで、戦前は人の出入りが厳重に管理される御料地だった。戦後は旧白金御料地および国の天然記念物および史跡に指定され、手厚く保護されたおかげで、都心では珍しく、昔ながらの良好な自然が残されてきた。

この緑地の南辺の一角に、昭和8年から同22年まで朝香宮鳩彦王（1887—1981）が家族と暮らした邸宅があり、現在は東京都庭園美術館の本館として公開されている。平成24〜26年のリニューアル工事で、本館は文化財としての本格的な修理が行われた。

旧朝香宮邸は、たしかに洋館には違いないが戦前に建てられたほかの洋館とは一見して異なる姿をしていて、アール・デコの館と評されることも多い。アール・デコとは、装飾芸術を指すフランス語「アール・デコラティフ」を略した言葉で、20世紀の初めにフランスやアメリカをはじめ、世界各国で流行した装飾様式を指す。

朝香宮鳩彦王は、戦前に存続した14宮家のうち5宮家を占め、最大勢力を誇った久邇宮朝彦親王の息子たちの一人で、明治39年、19歳のときに立家を認められて朝香宮を名乗った。宮家を名乗った兄弟は、久邇宮邦彦王、賀陽宮邦憲王、梨本宮守正王、そして終戦直後に首相を務めた東久邇宮稔彦王である。

鳩彦王は、皇族男子のしきたりに従って軍のエリートコースを邁進し、昭和20年の終戦まで陸軍で幹部を務めた生え抜きの軍人である。その一方、無類のゴルフ好きでも知られ、暇を見つけてはゴルフをたしなみ、戦後は熱海に隠居してゴルフ三昧の日々を過ごし、数々のゴルフクラブの会長も務めている。

鳩彦王の人生を振り返ると、どことなく天真爛漫な雰囲気が漂っていて、職業軍人の厳しいイメージとはだいぶ異なっている。この邸宅にしても、その誕生をひもといてみると、鳩彦王の人間味あふれた情熱的な一面が見えてくる。

大正11年、鳩彦王は皇族軍人の常として海外に留学するが、翌年の春、パリ郊外をドライブ中に交通事故に遭い、後遺症が残るほどの重傷を負う不幸に見舞われてしまう。しかし、結果的には、この事故によるフランスでの療養生活と滞在期間の延長が、鳩彦王が

2 部屋の上部にラパンの壁画が並ぶ大客室。天井にはラリック作の「ブカレスト」と名付けられた2基のシャンデリアが輝く　3 天井に40基の照明が埋め込まれた大広間　4 次室の中央に置かれた巨大な香水塔はラパンの作
5 大客室に続く扉のエッチング・ガラスには、幾何学的にデザインされた花模様が描かれている

簡素な外観、流麗な内装

　フランスの文化とじっくり向きあう絶好の機会となった。
　加えて、事故を受けて急遽渡仏した妻、允子妃の語学力と社交性が、鳩彦王のフランス滞在をより充実したものにする。パリ社交界での交流を通して、芸術をみる目を肥やした鳩彦王夫妻が帰国間近の大正14年に招かれたのが、現代装飾美術・産業美術国際博覧会、通称アール・デコ博だった。ここで目のあたりにした工芸品や服飾品、建築の最先端のデザインにすっかり魅了された夫妻は、帰国早々、結婚祝として明治天皇から下賜されていた白金御料地に、国内に類を見ないアール・デコの新邸を建設しようと決意したのである。

　新邸の建設計画は、昭和4年に宮内省が行う宮家の新築工事として認められ、同6年に工事が始まり、同8年に完成した。鉄筋コンクリート造りの2階建て(一部3階建て)で、地下1階があり、延べ床面積は約2000㎡。宮家の邸宅の規模としては標準的なものである。
　アール・デコの建築を知っている人が聞けば、四角や三角、丸といった抽象的な形を自由自在に組み合わせたり、植物や動物をデフォルメしたりする、派手なデザインを想像するだろう。け

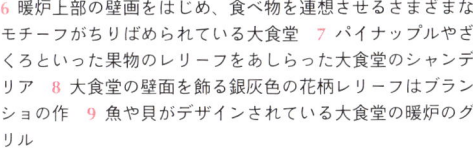

6 暖炉上部の壁画をはじめ、食べ物を連想させるさまざまなモチーフがちりばめられている大食堂　7 パイナップルやざくろといった果物のレリーフをあしらった大食堂のシャンデリア　8 大食堂の壁面を飾る銀灰色の花柄レリーフはブランショの作　9 魚や貝がデザインされている大食堂の暖炉のグリル

けれども、朝香宮邸を訪れて、初めに目にうつる邸宅の正面は、「形態は機能に準ずる」を旨とするモダニズム建築をほうふつさせる飾り気のない、どちらかといえば地味な姿をしている。朝香宮邸自慢の庭園をめぐりながら違う角度から眺めてみても、その印象に大きな違いはない。

ところが、玄関からなかに一歩足を踏み入れると、それまでの印象が一変するほど鮮やかな空間が広がる。もしかしたら、外観はあまりにあっさりしているので、建築に関心がある人を除けば、なかに入るまでとくに何の印象も抱かないかもしれない。

玄関は、床がカラフルなモザイクタイルで飾られ、正面には奥の大広間を仕切る大きな扉に取りつけられた4体の流麗なガラスの女性像が出迎える。

大広間に進むと、正面に鏡と大理石を組み合わせたモダンな暖炉がある。天井には40基の照明が埋め込まれていて、窓が少ない部屋にもかかわらず非常に明るい。洋館の広間といえば、照明は装飾性を重視したシャンデリアで、薄暗さが重厚な雰囲気を醸し出すというのが定石だが、この大広間はまるで高級マンションのエントランスホールといった風情で、最近の改装ではないかと疑いたくなるほどだ。

玄関から入った大広間の左側、庭園

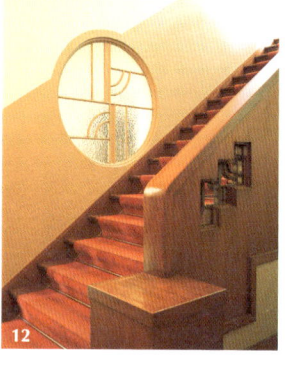

に面して並ぶ次室、大客室、大食堂の3部屋もまた圧巻である。

真ん中に巨大な花のつぼみのような妖艶な香水塔が鎮座する次室は、床がモザイクタイル、壁はプラチナ箔を練り込んだ艶やかな朱色の人造石で仕上げられ、どことなく古代ローマのヴィラを思いおこさせる。

続く大客室は、上質のカエデ材をふんだんに使い、天井の縁や柱上の飾りなどの細部に古代西洋建築を抽象化したデザインが用いられる。エッチング・ガラスに花模様を描いた扉はとくに斬新で、近未来的と表現してもおかしくない。

一番奥の大食堂では、魚をあしらったグリルをもつ暖炉や幻想的な色彩の油絵、シャンデリアの果物レリーフ、壁の石膏の花柄と果実のレリーフといった具合に、食事を連想させる有機的なモチーフを大胆に使ったデザインに目を奪われる。

扉の花模様

2階は居住用のスペース。一貫した品のよいアール・デコでまとめられているものの、1階の接客スペースと比べるとやや見劣りがしてしまう。ただし、朝香宮邸のなかでも1階の接客スペースが際立って見えるのにはちゃんとわけがある。朝香宮邸の設計は、ほかの宮家の邸宅と同様、宮内省内匠寮が担当したが、接客スペースの内装は朝香宮夫妻の強い意向でパリに外注してつくられたものなのだ。

日仏の建築家・装飾作家の競演

接客スペースの内装を担当したのは、フランス人装飾作家のアンリ・ラパン（1873〜1939）。装飾美術家協会の副会長としてアール・デコ博の開催に尽力し、同博でさまざまなパビリオンのインテリアデザインも手がけた。

朝香宮夫妻のフランスでの交流のたまものだろう。設計の依頼を快諾したラパンは、ガラス工芸のルネ・ラリックや彫刻家のイヴォン・レオン・ブランショなどアール・デコ博で連動した腕利きの作家に協力を得、朝香宮夫妻がパリで見たアール・デコ様式を再現してみせた。

宮内省の担当技師、権藤要吉（1895〜1970）の活躍も見逃せない。アール・デコ博を視察した経験をもつ権藤は、朝香宮夫妻の希望をよく理解し、宮家の邸宅に求められる伝統と直輸入のインテリアデザインを見事に融合させた。もしかすると、味気ない外観や居住用スペースのちょっと控えめなアール・デコは、邸宅全体の品格を保つためのバランスを考えた、権藤な

10 部屋の隅に飾り棚を設け、ドーム型の天井に2段の間接照明を仕込むなど、見所の多い殿下の書斎はラパンの設計。独特なフォルムのデスクもラパンが手がけた　11 宮内省内匠寮による允子妃殿下の居間。かまぼこ形のヴォールト天井から球状の照明器具が吊るされ、女性的な落ち着いた雰囲気をもつ　12 プライベートな動線である第2階段。大きな丸いガラスが印象的　13 階段脇にある2階広間の照明に施された装飾。階段部分のアイアンワークのデザインにも注目したい　14 ウィンターガーデンと名付けられた3階のサンルーム。シンプルでモダンな空間に赤い椅子が映える　15 市松模様の床が印象的な2階ベランダ

data

竣工年 1933(S8)　**設計者** 宮内省内匠寮工務課、アンリ・ラパン(一部内装)　**所在地** 港区白金台5-21-9　**見学情報** [開館] 10:00〜18:00(入館は17:30まで) [休館] 毎週月曜日(祝日の場合は開館、翌日休館)、年末年始　**文化財指定など** 国指定重要文化財　**アクセス** JR他「目黒駅」より徒歩7分、東京メトロ南北線・都営三田線「白金台駅」より徒歩6分

宮家ならではの絶妙なさじ加減なのかもしれない。

当時、宮家の邸宅は宮内省の予算が許す範囲で建設するのが決まりだったが、外注による建設費の増額分は朝香宮家が私費でまかなったという。この朝香宮邸は、建て主の人生と情熱があって初めて実現できた、世界的にも珍しい、まじり気のないアール・デコ建築の珠玉の逸品なのである。

オランダの
シンボルである
ライオンの紋章が
ワンポイント

真っ白な壁に
グリーンの鎧戸が
さわやか

左右対称のつくりを
正面から確認しよう

緑に囲まれた正面玄関まわり。まるで森に佇むお城のよう

庭にある石の置物

オランダ王国大使公邸

控えめながらも
均整がとれた
美しさを誇る

2
SINCE 1928
東京・港区

1 建物側面。2階のベランダは壁面をセットバックさせて広々としたスペースをとっている　2 建物背面。1階はトスカナ式の柱を立て開放的なベランダ、2階はイオニア式の柱のあいだに建具を入れ、1階、2階で対比的なつくりにしている　3 建物正面の左脇の足元には定礎銘板がはまる。ガーディナーのほかに、ガーディナー事務所の神林敬吉および施工者の清水組（現清水建設）の名が刻まれている　4 正面頂部のペディメントに施された剣をもつライオンの紋章はオランダの国章　5 市松模様のタイルが敷かれた玄関。オランダ人作家による作品などが飾られ来賓を迎える

ガーディナー晩年の作品

駐日オランダ王国大使館は、明治16年から公使館として港区芝公園の近くに位置する。敷地内にはオランダが誇るチューリップをはじめ、日本の気候にあわせた花々を植えた庭があり、四季折々の表情を見せている。現在の大使公邸は、関東大震災で前身の木造の公館が焼失したため、新たに建て直したもので、昭和3年に竣工した。鉄筋コンクリート造り、2階建て、銅板葺き。設計はジェームズ・マクドナルド・ガーディナー（1857―1925）である。

ガーディナーは、米国聖公会の宣教師として明治13年に来日し、立教学校（のちの立教大学）の校長に就く。当時来日した宣教師のなかには、教会をはじめ、キリスト教系の教育施設や住宅の設計を手がけるものが少なくなかったが、多くは正当な建築の教育を受けていない、いわばアマチュア建築家であった。

その点、ガーディナーは来日前にニューヨークの建築事務所に勤務するなど建築的素養を有し、数多くの日本聖公会系の建物の設計を手がけた。ついには設計事務所を開いて建築設計を本職としてしまい、大正14年に没するまで精力的に活動を続けた。代表作に

6 ホールから見た玄関。ホールは腰高の羽目板がめぐらされ、重厚な雰囲気が漂う　7 ベイウィンドウから外の光が入る玄関脇の控の間。白大理石の暖炉もあるなど、全体的に明るい雰囲気　8 全体が褐色の木部で覆われ、ほかの部屋とは異なる雰囲気をもつ書斎。ここはもと執務室で、別棟の事務棟と廊下でつながっており、大使はここで事務員と面会したという

キャノピー

は明治村に移築された旧京都聖ヨハネ教会や、京都の村井家京都別邸（長楽館）などがある。このオランダ王国大使公邸はガーディナー最晩年の作品で、竣工は逝去後となった。

左右対称の端正な外観

まずは外観から見てみよう。外壁は、白色系のドイツ壁で、これは塗りの仕上げをわざと荒らして凹凸をつけたもの。この白色系の地色に対し、鎧戸、玄関扉やキャノピーは濃緑に塗り分けられ、2色の対比がさわやかな印象を与える。

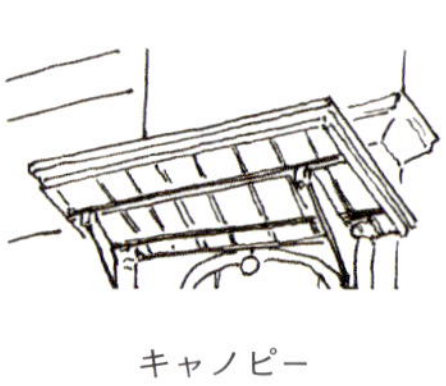

正面は中央部のみをやや前面に張り出し、両翼には矩形の窓が並ぶ。窓枠は装飾なしの簡潔なデザインだが、玄関ポーチ両脇に設けられたベイウィンドウがアクセントとなっている。全体として端正な顔立ちである。

一方、庭から見る建物は、側面、背面ともに、両脇をやや突出させ、ベランダの表現を変えるなど、左右対称ながら変化のある外観をつくりだしている。

格調高く上品な内装

内部を見ていこう。ホール右手の階

9　2階から見た階段室。ステンドグラスにはオランダ国章のほかに幾何学模様でデザインされた剣と思われる図案なども見られる　10　大サロンと食堂に続く扉。入口上部にペディメントが配されている　11　来賓を招いての晩餐会も開かれる食堂。奥に見える暖炉の上部についた鏡が空間をより広く見せている

　段室はこの建物の見所の一つで、まずはオランダの国章などがデザインされたステンドグラスが目に入る。見上げれば3層吹き抜けの廻り階段になっており、曲線を描きながら上がっていく階段の躍動感とあいまって、上昇感あふれる構成となっている。この建物の3階は屋根裏部屋なので、一般的には2階の主要室へと至る階段と同等のものを3階まで設ける必要はない。これは、明らかに空間構成上の技法として、3層吹き抜けの階段室としたものである。
　ホールに戻って奥に進むと、食堂と大サロンに出る。食堂の壁は、当初は腰高の羽目板張りをワニスで褐色に仕上げていたが、現在は白く塗り替えられて明るい部屋になっている。唯一、イオニア式の柱を両脇に備え、上部に鏡を設け、枠飾りを施した暖炉が当時の重厚さを残している。
　大サロンは、最も装飾的な部屋で、床の寄木以外はすべて白のプラスターで仕上げている。壁の上部に花綱飾りをめぐらすなど華麗な装飾が目を引く。
　大サロンから続くベランダは、独立柱を両脇に1本ずつ、中央に3本ずつ立て、3本を鍵型に配して、2階の床を支えている。床は玄関と同様の白黒の市松模様で、ベランダ周囲は手すりつきの高欄をまわし、くつろぎの場所となっている。

12 楕円を縁取った天井から繊細なガラス細工のシャンデリアが吊るされている大サロン　13 大サロンの壁にめぐらされた花綱飾り。控えめながらも華やかさを演出している
14 ベランダ脇に位置するサンルーム。庭に向かって2面を開口とし、光が充満するこの部屋は各室のなかでも格段に明るい

　階段を上がって2階のホールに出ると、右手に大使夫妻の部屋、左手に客用の寝室が並ぶ。2階各室は、明るく清潔な内装だが、暖炉を備えて格式を高めている。
　1階ベランダの上部にあたる2階のサンルームも心地よい場所。天井は板張りで、くつろいだ雰囲気が漂い、明るい日差しが差し込むなか、大使もここでの読書を楽しみにしているという。
　オランダ王国大使公邸は、左右対称を基本とした端正な古典的デザインでまとめつつ、ベランダを背側面に配して、それぞれ表情を変えるなど、よくこなされた意匠をもつ。室内は、近年白く塗り替えられたので各室も明るいが、暖炉まわりなどは格調高い。各室とも抑制の効いたさりげない意匠上の演出が魅力的だ。
　冒頭にふれた庭園は、建物のまわりは青々とした芝生だが、その周囲は回遊式の和風庭園といった趣で、その境界にオランダの植物を配して特徴ある庭となっている。周辺を高層ビルに囲まれながらも、都心の一等地に貴重な緑を提供する希少な場所でもある。
　実は、今回本書に収録した洋館のなかで、実際に居住しているのはここだけ。本物の洋館の住みこなしの極意を、よく手入れされた庭ともども味わいたい。

15 2組の3本柱が立つ1階ベランダ　16 2階の客用居間。プライベートスペースなので、ソファに腰掛け、ゆっくりとした時間を過ごすことができる　17 読書に最適の2階サンルーム。広々とした庭を見渡せる

data

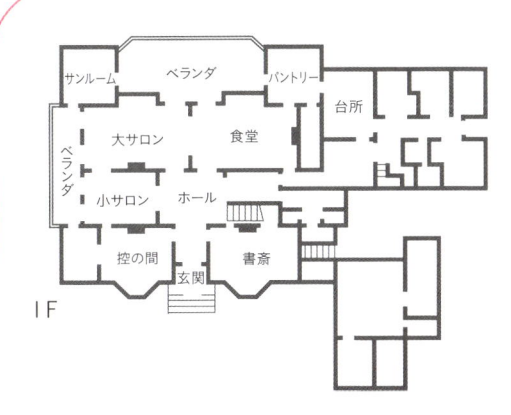

1F / 2F / 3F

竣工年　1928(S3)　設計者　ジェームズ・マクドナルド・ガーディナー　所在地　港区芝公園3-6-3　見学情報　特別一般公開日あり　アクセス　東京メトロ日比谷線「神谷町駅」より徒歩5分、都営三田線「御成門駅」より徒歩10分

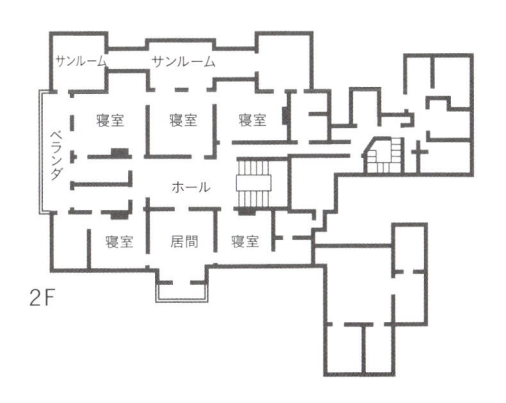

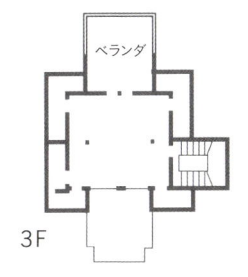

> ギザギザ模様や放射状など壁のデザインのバリエーションが豊か

> 日本の木造洋館で庇があるのは珍しい

> 上と下で異なる窓の桟のデザイン

西向きの正面外観。落ち着いた色調でキャンパス内に佇む

扉にある小窓の仕掛け

3
SINCE AROUND 1889
東京・港区

本家アメリカのシングルスタイルを日本人大工がつくった

インブリー館
（学校法人明治学院構内）

1 2階の窓についた庇。日本の木造洋館では珍しい。煙突は復元の際に取りつけられたもの　2 単調にならない工夫がされた下見板張りの外壁　3 正面妻の窓上部に日輪を思わせる意匠をつけているのも面白い　4 応接室(奥)とホール(左)につながる玄関

学院創設時から存在する西洋館

明治学院が位置する港区白金台は、もともとは静穏な住宅地だったが、バブル景気のころから洒落たレストランやブティックが目立ちはじめ、目黒通りや桜田通り沿いには高級マンションなどが林立するようになった。そんななかで、明治学院のインブリー館をはじめとした洋館は、この地区の歴史的な環境を語るうえで欠かせない要素となっている。

明治学院の源流の一つは、ローマ字の考案者で名高いヘボンが安政6年に宣教活動のため来日し、その一環として文久3年に横浜に開いたヘボン塾であるという。その後、東京の築地への移転を経て、現在の土地に新しいキャンパスを開いたのは明治20年のこと。開校時の第一期生の一人に自然主義文学の先駆者として知られる島崎藤村がいた。藤村は小説『桜の実の熟する時』のなかで学院生活を描写しており、インブリー館は「亜米利加人の教授達の住居」である「三棟並んだ西洋館」のうちの一つとして登場する。

シングルスタイルの外国人住宅

建設当初は別の宣教師が住んでいたが、明治31年から、プリンストン大学、プリンストン神学校を卒業後に明治学院神学部教授として来日したインブリーが住みはじめ、大正11年まで暮らした。このため、この建物はインブリー館と称される。その後はこの建物は事務室として使用された、戦後の混乱期には屋根裏部屋まで使い数世帯が居住したりしながら、現在は学院牧師室などに使用されている。

建物は木造2階建て、寄棟造り、銅板葺きで、四面に切妻を見せる。外観は下見板張りに1階と2階のあいだに幅広のボーダーをまわしたシングル(板張り)スタイルと呼ばれるデザインで、日本の木造洋風建築によく見られる意匠である。これは、もともとは19世紀後半のアメリカの住宅を中心に流行したものだ。

建物外観では、各面にある妻と外壁

このようにインブリー館は、学院の創設期にまでさかのぼる貴重な建物で、宣教師のための住宅として建てられた。

竣工は明治22年ごろといわれ、東京に残る最古の宣教師館である。設計者は残念ながらわからないが、建設にあたって新潟出身の大工が関わったことが知られている。

インブリー博士

5 応接室。床の寄木細工のパターンが各室で異なる　6 木枠で区切られた応接室の奥のスペース　7 イスラム風のオジーアーチをかたどったニッチ　8 各部屋のドア。廊下がなく部屋同士を行き来する　9 黄色を基調とした2階の居間　10 2階階段ホールに並ぶドア　11 2階の居間の奥に設けられたサンルームからは、隣接する記念館が見える　12 2階の一室にある暖炉。主要室には暖炉が備えられている

ホールを中心とした構成

正面左寄りに小振りな玄関ポーチがあり、そこからなかに入る。玄関には2つの扉があり、ホールと応接室にそれぞれつながっている。玄関から直接応接室に入ることができるのは、宣教師館が接客のための建物として使われたからと思われる。暖炉のあるホールには2階へと続く階段と、1階のそれぞれの部屋につながるドアが並んでいる。

2階も1階と同様に階段ホールの周囲に各室を並べているが、南側と北側にサンルームを設けている。ちなみに建物内部には台所がないが、これはかつてあった別棟の2階建ての附属屋がこうした機能をもっていたからである。

各室の内装は、漆喰仕上げの壁に腰板やボーダーをまわしたシンプルなものではなく、下端をギザギザに切り込んだ板を張っている。さらに、2階の窓の上部を放射線状にしたり、壁によって下見板の板幅を変えたりと、デザインが単調にならないようさまざまな工夫が凝らされている。こうした手法は、本家アメリカのシングルスタイルによく見られ、日本の単調な下見板張りに比べ、バリエーションに富む。

このインブリー館は外国人住宅の仕様が純粋にあらわされている。つまり和室を一切もたず、基本的に建物内外には和風のデザインがない。また、間取りの点でも廊下がなく、ホールを中心に各部屋へとつながっていることも特徴として挙げられる。

扉の握り玉など、建築金物のなかには輸入品が使用されているものもあるが、外壁の下見板をはじめ、建具や床の寄木張り、ペンキやワニスなどの塗装も基本的に国産の材料を用い、日本人大工によって洋風建築の技法が再現された。

明治学院のキャンパスには、インブリー館に遅れて建設された旧神学部校舎兼図書館（現記念館）、チャペルなども残されており、この一画だけ明治にもさかのぼったかのような、レトロな雰囲気を漂わせている。

実は、これら3棟は戦後のキャンパス計画のなかで、現在の場所に集められたものなのだが、こうして、最古の歴史を誇る私学の創建時の雰囲気を今に伝えてくれることは、大変意義深いことと思う。

ので、天井は蛇腹付きの漆喰塗り。壁の漆喰を白・灰・黄と3色に塗り分けていることや、寄木細工の床のパターンを各室で変えることなどにデザイン上の特色がある。

data

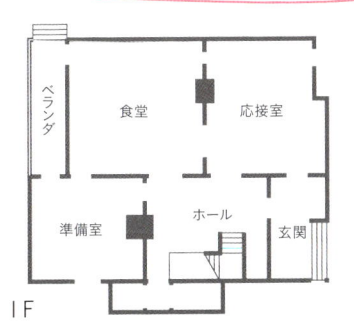

竣工年 1889(M22)ごろ　**設計者** 不詳　**所在地** 港区白金台1-2-37 学校法人明治学院構内　**見学情報** 見学希望は要問い合わせ（03-5421-5230）　**文化財指定など** 国指定重要文化財　**アクセス** JR他「品川駅」より徒歩17分、東京メトロ南北線・都営三田線「白金台駅」、「白金高輪駅」、都営浅草線「高輪台駅」より徒歩7分

1階はトスカナ式、2階はイオニア式の列柱を立てた女性的なフォルムの優雅なベランダ

緩やかに円を描くバロック的表現に注目

全体にまとった白タイルが清楚で軽やかな印象を与えている

庭から見た外観。2層に異なる装飾を用いたベランダが美しい

4
SINCE 1917
東京・品川区

バロックの美しいベランダをもつコンドルの名作

清泉女子大学本館
（旧島津忠重邸）

礼拝堂にある像

1 白と黒の市松模様のタイルと、緩やかな曲線が美しい2階ベランダ
2 正面玄関。石積みの柱にトスカナ式の柱を並べて頂部に高欄をまわすなど、重厚なデザイン　3、4　1階ベランダ(3)と2階ベランダ(4)の柱頭の違い

コンドルの晩年の秀作

旧島津邸の敷地は、品川の袖ヶ崎、現在の東五反田の通称「島津山」と呼ばれる高台にある。江戸期には仙台藩伊達家の下屋敷があったが、明治初年ごろから島津家の所有となり、本邸として使用され、大正6年には現在の洋館建物が完工した。現在は清泉女子大学のキャンパスとなり、島津邸も大学の本館として利用されている。

当時の建て主である島津忠重（1886—1968）は、最後の薩摩藩主、島津忠義の長男として明治19年に鹿児島県に生まれた。父の死去にともない13歳で家督を相続、公爵を継ぐ。軍人としての道を歩み、軍令部参謀、イギリス駐在武官などを歴任し、昭和10年には海軍少将を務めている。その後貴族院議員のほか、学習院評議会議長、宮内省御用掛などの公職にも就いた。

建物の設計は、島津家と関係のあった英国大使の推薦もあり、ジョサイア・コンドル（1852—1920）が手がけた。忠重が英国風の生活様式の訓練を受けていたこともあって、英国風の洋館に決定したという。

住まいの形式は洋館だけではなく、木造2階建ての和館もあった。ただし、島津邸では和館はもっぱら使用人などが使っていたという。洋館は当初迎賓館の扱いだったが、関東大震災後に忠重一家の住居となった。構造はれんが造り、地上2階、地下1階である。

端正な外観と内装の意匠

正面は、中央に石造りの玄関ポーチを張り出し、外壁は白タイル貼りで隅は石積み、窓まわりや2階の付柱は石張りで重厚に見せている。それでもし つこいまでの豪奢さを感じさせないのは、先に触れた白タイル貼りの壁が清楚で明るい印象をもたらすからだろう。

正面はほぼ左右対称の端正な姿だが、庭から見る外観は、1、2階を重ねたベランダに、1階はトスカナ式、2階はイオニア式の列柱を立てた明るい開放的なデザインとなっている。また、ベランダの中央部は1、2階とも円弧状に突出させ、動きのあるバロック的な表現ともなっている。

1階室内の見所は、玄関のステンドグラス。緩やかな曲線を描いたアール・ヌーヴォー調のデザインで、頂部には○に十の字の島津家の家紋が入る。玄関右に位置する階段室との境もステンドグラスとなっているのは、採光上の工夫だろう。

玄関から中央ホールに出ると、右手の階段室の壁にはめられた、かなり大振りな半円アーチ型のステンドグラスが目に入る。玄関のものと比べると幾

5 大きくとられた窓からの採光で明るく広々としたホール。階段の両サイドには、2本の柱を構える

何学的だが、やはりアール・ヌーヴォー調のデザインである。また、この階段は、中央から踊り場を経て左右に分かれて上がるバロック的な演出。ホールとの境に立つ両脇の独立柱は1階はイオニア式、2階はコンポジット式と違いがあることにも注目しよう。

1階は、ホール手前から公爵書斎、客室、客室と並ぶ。一番奥の客室は白を基調とした明るい部屋で、上部に鏡をつけた白大理石の暖炉の中央に、やはり島津家の家紋が入る。天井は円形と直線の組み合わせで、縁取りにアカンサスの葉がかたどられ、華やかな雰囲気をもつ。

中央の客室は、ベランダに向かって壁が円弧状に突出し、天井も円弧にあわせて楕円状の縁で装飾され、ベランダ側に3連の半円アーチ窓が並ぶ印象的な部屋。

一方、公爵書斎は壁を腰高の羽目板で仕上げ、黒色系の暖炉を備え、天井を格天井風とし、落ち着いた雰囲気をもつ。これらのホールに面した各室はスライディングドアで区画され、また各室間に扉が設けられるため、各室間の連続性が強調される。

大食堂は現在礼拝堂として使われてい

スワンネックのペディメント

るが、スワンネックのペディメントをのせ、脇に柱を備えた格式高い暖炉や、壁の木羽目板が、大食堂の面影を偲ばせている。

2階は、プライベート空間で、ホールの周囲に公爵、夫人、子どもの居室および夫妻寝室などがある。内装は1階とは異なり、暖炉まわりや天井の装飾も簡素である。しかし、庭に面した夫人居室は、この建物で最も眺めのよい部屋で、大正天皇の便殿(休憩所)としての使用が想定されたことから、白大理石の暖炉を備え、カーテンボックスや天井も装飾豊かに設けられた。ベランダは、ベランダの曲線にあわせて夫人居室を丸く突出させているため、床もほぼ同幅で美しいカーブを描く。

島津邸は、ベランダ中央部を曲線状に張り出すところにも見られるように、バロック的な動感あふれるデザインを取り入れつつも、外壁にタイルが貼られたモダンな表情をもつ。内装もシンプルにパターン化されていて、全体として端正で上品にまとめられている。

建築後、間もなく百年を迎えようとしている島津邸は、今後も女子学生に学びの場を提供し続けていくだろう。

6 かつての大食堂は、現在礼拝堂となり、厳かな雰囲気を醸し出している。暖炉にのせたスワンネックペディメントが目を引く　7 ベランダ側の壁が緩やかにカーブする中央の客室　8 階段室にあるステンドグラスからは明るい光が差し込む　9 現在「泉の間」と呼ばれる清楚な客室。天井の細やかな漆喰装飾も見所の一つ　10 現在は会議室として使用されている公爵の書斎

data

竣工年　1917(T6)　設計者　ジョサイア・コンドル　所在地　品川区東五反田3-16-21　見学情報　[公開予定日] 5月～6月[月2回 金曜日] 10月～12月[月2回 金曜日] ※見学にはHPの所定フォームから申し込みが必要。問い合わせ先（03-3447-5551）　入館料　無料　文化財指定など　国指定重要文化財　アクセス　JR他「五反田駅」より徒歩10分、「大崎駅」より徒歩10分、「品川駅」より徒歩15分

壁はすべてタイル貼り。天気によって受ける印象が変わる

テラスに腰かけゆっくりとしたひとときを

柱の形がそのまま外観のデザインとなっている

中庭側からの外観。凸凹したつくりをしている

客間の大理石の質感

スタイリッシュなモダニズムの宝石箱

原美術館
（旧原邦造邸）

5
SINCE 1938
東京・品川区

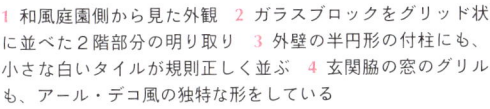

1 和風庭園側から見た外観　2 ガラスブロックをグリッド状に並べた2階部分の明り取り　3 外壁の半円形の付柱にも、小さな白いタイルが規則正しく並ぶ　4 玄関脇の窓のグリルも、アール・デコ風の独特な形をしている

渡辺仁によるモダニズム邸宅

2021年まで、原美術館として公開されていた旧原邸は、品川の御殿山に位置していた。ここは、かつては眼下に江戸湊を見おろす高台で、江戸時代初期から、歴代将軍の鷹狩の休息所や、諸大名の参勤送迎のための御殿があったため、そう呼ばれているという。幕末期には、国防のための台場建設用の土砂採取場や東海道本線の用地となり、一部はえぐられ窪地となったが、明治期には富裕層の屋敷が多く所在した。

原邦造（1883―1958）は、大阪府生まれの実業家。銀行家であり美術品収集家でもあった原六郎の養子となり、金融、生命保険業界を歩んだ。第百銀行頭取、愛国生命社長ほか、明治精糖社長、帝都高速度交通営団総裁、日本航空会長などを歴任した。また敬虔なクリスチャンとして、事業のかたわら教育、宗教などの公共事業にも力をそそいだ。

原邸の設計者は、銀座の和光ビルや上野の東京国立博物館、第一生命館などの設計で知られる渡辺仁（1887―1973）。岡田信一郎と並び、あらゆる歴史様式をこなす名手として知られた。岡田がモダニズムだけは手がけなかったのに対し、渡辺はここ原邸でモダニズムに通じる、白く、透明感にあ

5 エントランス側外観。水平に伸びた庇、上部に伸びる塔屋など造形的要素が組み合わされている

ダイナミックな外観の造形美

ふれた造形美を世に問うた。渡辺は、東京帝国大学建築学科を卒業後、鉄道院や逓信省に一時身を置くが、大正9年に独立してからは、当時盛んに行われていた建築設計競技に応募して、次から次に当選し、若手の実力派としてその地位を確実なものにしていった。その最大の入選作が、前述した東京国立博物館と第一生命館である。

モダニズムとは、これまでの歴史様式の建築デザインに代わり、工業化時代の技術や社会に適合した、新しい建築の姿を模索する動きのことである。

モダニズムの理念を一言であらわすのは難しいが、その中心的な思想の一つに合理主義がある。合理主義に基づく建築では、使い勝手を重視した機能的な平面計画をもち、経済性と工業化を追求した施工を行う。また、鉄とガラスとコンクリートという新しい材料を用い、幾何学的なデザインを多用するといった特徴がある。

つまり、本書で取り上げた洋館がまとうバロックだとか、チューダーだとかいった歴史的な様式とは正反対の、装飾をつけず、白い箱のような外観に窓が整然と並ぶ姿をイメージしてほしい。こうしたモダニズムのデザインは、戦後の病院やオフィスビルなどのデザインによく用いられているので、ある意味、現代人から見れば普通の意匠に感じるかもしれない。

しかし原邸は、モダニズムの文法によりながらも、全体をダイナミックな造形にまとめ上げている。

まずは、背面の和風庭園側から見てみよう。緩やかに湾曲する壁は、全面のタイル貼りで、白い箱のような外観に矩形の窓が整然と並ぶ様子は、まさにモダニズムのお手本のようである。中庭側からの外観も、柱型が素直に外観のデザインとなってあらわれている。

一方、エントランスまわりは、この建物の見所の一つで、造形的な要素が多用され、見事に組み合わされている。まず、水平に伸びる庇を大理石張りの重厚な壁柱が受ける。上部に伸びる四隅をアールにした塔屋は船を連想させるし、絶妙なカーブはモダニズムを牽引したル・コルビュジェのデザインをほうふつさせる。屋上には、柱と梁を組み合わせたパーゴラの一部が見える。ちなみに柱梁の構造をそのまま見せるのも、モダニズムの手法である。

このように、原邸では全体を単なる白い四角い箱とするのではなく、さまざまな機能をボリュームに分節し、それを巧みに構成させているので、それがそのまま外観に躍動感を与えて、見

6 鉄とガラスの組み合せのシンプルな玄関扉。上部までガラスがはめ込まれているため、重々しさを感じさせない　7 玄関を入ってすぐの2層吹き抜けの客間。矩形の開口、ロフト、張り出しと、幾何学的な白い空間に、大理石を張ったアルコーブが暖かみを与えている

モダンで優美な内部の世界観

さて内部へ。玄関を入ってホールに出る。そのまま進めば2層吹き抜けの客間へ。吹き抜けの空間は当時としては斬新であった。

再びホールに戻り、改めてまわりをぐるりと見回してみる。白色の壁面にはガラスブロックをはめたグリッド状の開口からわずかに光が差し、ホール中央には大理石の円柱が立つ。

廻り階段を上がって2階へ。黒大理石の階段と白い壁面の対比が美しい。さらに、2階から塔屋へ。ここでも、艶めかしくカーブする黒色の階段が背景の白壁と対比をなし、壁面のグリッド状の明り取りから外光が差す。戦前のモダニズムにありがちな粗さはみじんも見られず、まさに建築家、渡辺仁るで抽象的な彫刻作品のようでもある。そこにこの建物の特徴と、設計者によって咀嚼された戦前最良のモダニズムの空間がここにある。

また、こうしたボリュームの構成は、平面計画にも明確にあらわれる。まず南に面してカーブを描く2階建ての棟があり、こちらは家族の生活の場。北に面する直線の平屋は執務室などのサービス部分となっている。このように、機能によって形態が明確に分離されるさまは、内部でも体感することができる。

住居として使われた当時は、2階は家族の寝室だった。2階建ての棟の屋上には庭園があり、こうした屋上庭園をつくるのもコルビュジエの提唱に沿うもの。かつてはプールも備えられていたという。

1階のホールから、今度は中庭に沿ってカーブする廊下を進む。外光が充満するなか、大きく緩やかなカーブはどこまでも続いていくかのような奥行きを感じさせる。当時はここに書斎、居間、食堂が並んだが、美術館になってからは展示室として活用されているため、当時の間仕切は取り払われている。

そのまま突きあたりまで進むと、右奥にサンルームが見えてくる。サンルームは半円筒に立ち上がっており、天井いっぱいに開けた窓が壁面全体をぐるりとまわる。この明るく開放的な空間こそモダニズムの真骨頂といえる。窓から見える和風庭園の緑が心地よく、竣工当時は、ここから品川沖の海を見通せ、家族はここでとる朝食を毎日の楽しみにしていたという。

ホールの左手の廊下脇には、かつて応接室や執務室などが並んでいたが、ここはミュージアムショップになってい

8 ホール中央に立つ円柱が存在感を放っている　9 大理石製の階段の親柱。シンプルだが動きを感じさせるデザイン　10 緩やかにカーブする1階廊下

違和感のない現代美術との融合

1979年からは現代美術館として、館内各所にジャン・ピエール・レイノー、森村泰昌、宮島達男などのインスタレーション作品が常設展示されていたが、個人住宅の雰囲気を残した建物と、現代美術とが違和感なく融合しているのは見事というほかはない。なかでも、塔屋にあるレイノーの「ゼロの空間」は、もともとあった室内形状を活かしながら全面をタイル貼りにした作品で、その現代的な空間は建物の特性をむしろひき立たせている。

また、中庭に面してカフェが併設されていた。これはのちの増設だが、原美術館の現代芸術を堪能したのち、真っ青な芝生を眺めながらいただいたお茶は(ビールも)最高。

この建物の竣工は昭和13年。これからまさに戦争に突入していくころだった。そんな時代にあって原邸は、豊かな自然環境のなか、手練の建築家が理解のある建て主にめぐまれ、モダニズムという新しい主題に取り組んで得た、まるで宝石箱のような輝かしい住宅である。

レイノーの「ゼロの空間」

11 壁一面窓で覆われた、明るく開放的なサンルーム。東側に位置しているこの部屋は、朝日が一番に差し込む。朝食室として使用されていた **12** 踊り場から見たホール。白と黒の対比が美しい **13** サンルームから見た食堂。和風庭園側の外壁もカーブを描いていることがわかる

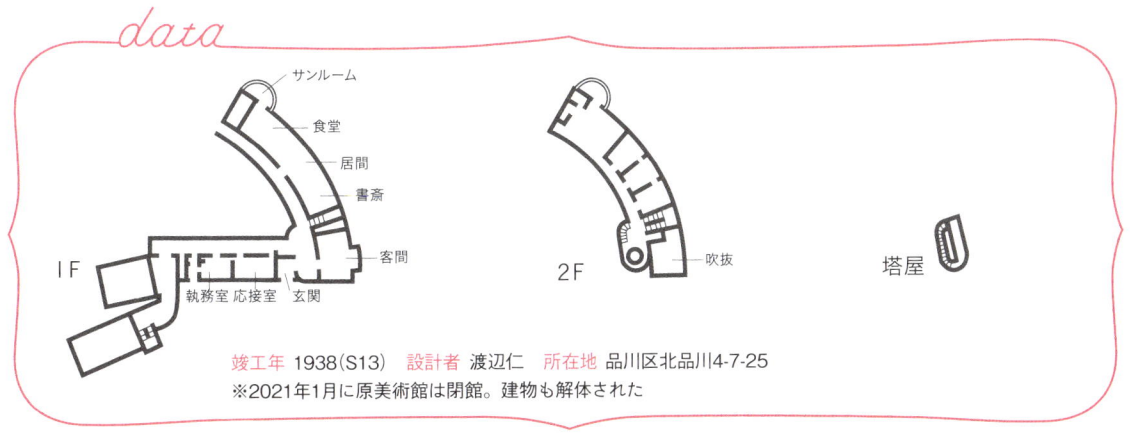

data

1F / 2F / 塔屋

サンルーム／食堂／居間／書斎／客間／執務室／応接室／玄関／吹抜

竣工年 1938(S13)　**設計者** 渡辺仁　**所在地** 品川区北品川4-7-25
※2021年1月に原美術館は閉館。建物も解体された

ありそうであまり見ない
童話に出てくる
お城のようなとんがり屋根

れんがに見えるが
実は引っかき模様をつけた
タイル（スクラッチタイル）

アーチに施された
細かい装飾も
見逃せない

正面玄関。付柱などのクリーム色が外観上のアクセントになっている

南側テラス上部にかくれるように
設置された像

海外からの賓客を迎える
元大名家の
カントリーハウス

旧前田侯爵邸
（旧前田利為邸）

6
SINCE 1929
東京・目黒区

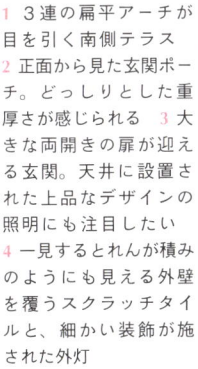

1 3連の扁平アーチが目を引く南側テラス
2 正面から見た玄関ポーチ。どっしりとした重厚さが感じられる
3 大きな両開きの扉が迎える玄関。天井に設置された上品なデザインの照明にも注目したい
4 一見するとれんがが積みのようにも見える外壁を覆うスクラッチタイルと、細かい装飾が施された外灯

エリート軍人、前田家16代目当主

東京大学の教養学部で知られる駒場の地に、加賀百万石といわれた日本一の大大名、前田家が昭和初期に構えた大邸宅がある。今は区立の駒場公園として開放されていて、都心からほど近い桜の名所としても親しまれている。

旧前田邸が建てられたのは、戦国時代の名将、利家から数えて16代目、利為が当主のときのことである。前田利為（1885-1942）は、前田家伝来の古文書や美術品、刀剣などの文化財を保存管理する公益財団法人前田育徳会（大正15年の発足時は公益法人育徳財団）の創設者で、芸術や歴史に造詣の深い文化人として知られる一方、陸軍の幹部を歴任した軍人でもあり、予備役に退いていた太平洋戦争初期に、南方戦線のボルネオに駐留する部隊の司令官として招集され、彼の地で客死したため、悲劇の将軍とも称された。

利為は、語学の才にめぐまれた俊英で、15歳で分家から本家に入り家督を継ぐまでは外交官を志していたというが、武家の家長たるもの武人たるべしとする家の決定に従い、学習院中等科から陸軍士官学校に進んだ。明治44年に陸軍大学校を恩賜の軍刀を受ける優秀な成績で卒業して軍に入り、本人は常に葛藤していたというが、結果的に生涯を軍人として歩んだ。

軍人の道に進んだとはいえ、幼いころに培った外国への知的好奇心は終生変わることはなく、むしろ軍人たる心構えのよりどころであったようだ。大正2年からヨーロッパに留学して西欧諸国をめぐり、世界情勢を肌身で感じるとともに、大正8年からは日本大使館付の武官としてイギリスに3年間赴任している。続く昭和2年からは日本大使館付の武官としてイギリスに3年間赴任している。続く昭和2年からはパリに滞在して第一次世界大戦の戦後処理にあたるなど、持ち前の大局観と語学力を発揮した。こうした利為の西欧文化への関心と豊富な経験が、駒場の前田家本邸の計画にも色濃く反映されている。

江戸時代、前田家の屋敷は本郷にあり、明治時代以降も引き続き本郷に居を構えた。本郷の屋敷の大部分は、明治4年に文部省の用地となり、今は東京大学のキャンパスとなっている。ちなみに東京大学の象徴である赤門は、江戸時代の前田家屋敷の表門である。

関東大震災の復興計画にからみ、大正13年に東京帝国大学が本郷の前田邸の敷地と駒場の農学部の敷地の交換を申し入れた。利為は日ごろから、本郷は邸宅地としては騒々しく、屋敷も大きすぎて今の生活に合わないとの考えをもっていたことから、この申し入れを快く受け入れ、大正15年に建設を始

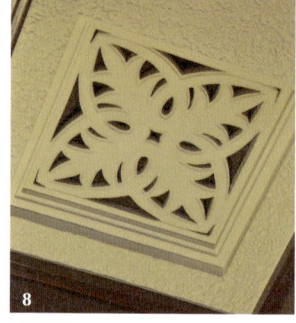

5 玄関ホールでは、扉まわりの梁や柱などにチーク材を用いて、重厚な雰囲気を演出している　6 玄関ホールに連続して設けられた応接室。現在は喫茶コーナーとなっており、訪れる人の憩いの場として利用されている　7 階段ホールに明かりを照らすシャンデリア。邸宅内にあるシャンデリアは、雰囲気は似つつも、すべて異なっている　8 天井の隅に設けられた通気口。細かなところにもデザインが施されている　9 階段ホールの大理石の柱頭は、アカンサスの葉をモチーフにしたコリント様式

チューダー様式の本格的な洋館

め、昭和4年に邸宅の中心である洋館が完成した。

構造は鉄筋コンクリート造りの3階建てで地下1階があり、延べ床面積は約3000㎡と、建物の仕様だけを見ればちょっとしたオフィスビルのよう。

建物全体のデザインは、チューダー様式と呼ばれる、イギリスのカントリーハウスで好んで用いられた様式でまとめられている。

カントリーハウスとは貴族が郊外に構えた邸宅のことで、16世紀ごろから20世紀にかけて流行した。また、自らの権力を誇示する意味あいもあって迎賓施設として使われることが一般的で、利為は「欧米諸国を歩いて常々残念に思うことは、わが国には外国からの貴賓を迎え得る邸宅がないということ」と語っていたという。当時の駒場は、都市化が徐々に進んでいたとはいえ、まだまだ武蔵野の面影が残る、のどかなところだった。利為が前田邸の予定地を見たときに、欧米諸国でのカントリーハウスに招かれた経験を重ねあわせたことは想像に難くない。

外観を特徴づけるのは、要所に用いた扁平アーチの開口部と隅に立ち上がるとんがり屋根の塔、それから外壁を覆うスクラッチタイルである。このよ

10 玄関ホール横の応接室の重厚な雰囲気とは異なり、女性的で明るい雰囲気のもう一つの応接室
11 大食堂東側には、丸みを帯びた大きな出窓があり、美しい庭園の風景を楽しむことができる
12 大きなチューダーアーチが特徴的な大食堂の暖炉

うな特徴を備えた建築様式がいわゆるチューダー様式なのだが、よく見ると細部が適度にアレンジされていて、本場のチューダー様式とは様子が異なることに気付く。たとえば窓まわりはとても細かい装飾が見所になる窓まわりにすることに気付く。たとえば窓まわりはとても細かい装飾が見所になる窓まわりにすることもシンプルだし、外壁をタイル貼りにする建物というのも欧米ではあまり見られない。これは、木造やれんがが造るなど伝統的な建築構法に用いられるチューダー様式のデザインを、当時は新しい建設技術だった鉄筋コンクリート造りの建物に上手にまとめ合わせる工夫のあらわれで、実は難しい仕事をいかにも自然にこなしているところに建築家のセンスのよさが感じられる。

西向きに開いた玄関から入ると、大きな玄関ホールと大階段をもつホールが広がる。内部は、この玄関ホールを起点に中庭側に廊下をまわし、廊下の外側に各部屋を配置するつくりになっている。1階が接客用スペースで、庭園に面した南側に客室や応接室などの来客用の各部屋を並べ、北側を執事室や事務室など裏方用の部屋にあてている。2階は居住用のスペースだが、1階と同様に南側が家族の部屋、北側が使用人の部屋というふうに明確に区別している。

内部もチューダー様式に基づいたデザインで統一されているが、中庭に沿っ

13 階段ホール。階段下には暖炉が置かれ、ちょっとした居心地のよいイングルヌック（暖炉の小部屋）の空間になっている

た廊下と部屋の並べ方や建物の側面に庭園をもってくるところなどは、イギリスのカントリーハウスというよりも、むしろ江戸時代の武家屋敷の形式に通じるようで興味を引かれる。西洋の邸宅といえば、エントランスがある正面の左右に翼を広げたような横長の建物をどっしりと建て、その背面側に広大な庭園をつくるのが通例だからだ。

利為の指示により、洋館と比べれば小規模で質素なものにはなったが、当主の意向より家政評議会の決定に重きがおかれた事実は、外からは見えない侯爵家の暮らしの断片を示している。

建設を取りしきった家政評議会

前田邸の建設は、前田家の家政評議会が組織した建築委員会によって進められ、監督に東京帝国大学教授の塚本靖、設計に宮内省技師の高橋貞太郎、工事に竹中藤右衛門（竹中工務店初代社長）といった具合に、当時第一線で活躍していた腕利きの建築関係者が集められた。高橋貞太郎は、恩賜の銀時計を受けて東京帝国大学建築学科を卒業した秀才で、明治神宮造営局や宮内省内匠寮に勤務して研鑽を積んでいた。昭和5年に独立したのちは、ホテルやオフィスビルなど、複雑な調整を要求される設計を得意とした。

洋館の東隣には和館があり、洋館と渡り廊下でつながっている。和館は当初、今の生活に必要ないはずだったが、侯爵家の体面上必要と考え

当時の華族の暮らしぶりを記した資料というのは意外と少ないが、幸い前田邸での生活は、利為の長女酒井美意子が著した『ある華族の昭和史』のおかげで詳しく知ることができる。前田邸には、普段から付きあいのある皇族や華族が招かれるだけでなく、外務省からの依頼による外交団の受け入れや、学士院賞を受けた学者の晩餐会が定期的に行われ、国家的な迎賓施設の様相を呈していた。いうなれば大使館のようなもので、当主は大使あるいは生活そのものが事業の会社の社長といったところだろうか。このような、庶民からは想像もつかない生活の運営にあたっていたのが家政評議会であり、前田邸では常時100人以上の使用人がはたらいていたという。

利為の意向に従って建設に必要ないと考え、今の生活に必要ないはずだったが、侯爵家の体面上必要と考え

戦前の華族の邸宅は数あるが、建築当初の姿が敷地も含めてよく残り、当

和館

14 2階は居住用のスペース。大きな鏡を備え、丸みを帯びた女性らしいデザインが印象的な夫人室　15 上品な内装が優雅で落ち着いた空間を演出する夫婦の寝室　16 夫人室とは対照的に、主人用の書斎は落ち着いた雰囲気が漂う　17 夫人室隣の次女の居室にある暖炉。ここにも透かし彫りが施されている

時の暮らしぶりを記した名著があり、しかも年中公開されているものとなると旧前田侯爵邸をおいてほかにない。

駒場公園を訪れたら、少し時間にゆとりをもって当時の侯爵の暮らしに思いをはせるのも一興ではないだろうか。

data

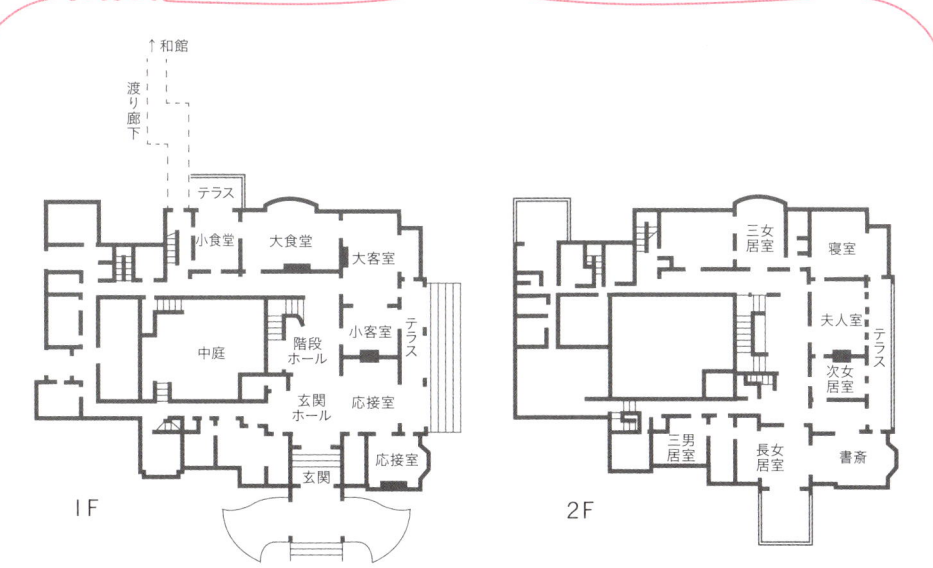

竣工年 1929(S4)　**設計者** 塚本靖、高橋貞太郎　**所在地** 目黒区駒場4-3-55 駒場公園内　**見学情報** [開館]9:00〜16:00 [休館]月曜日・火曜日(祝日の場合は開館)、年末年始(12/29〜1/3)　**入館料** 無料　**文化財指定など** 国指定重要文化財　**アクセス** 京王井の頭線「駒場東大前駅」より徒歩8分、小田急線「東北沢駅」より徒歩13分、東京メトロ千代田線他「代々木上原駅」より徒歩3分

半円形に
カーブした瓦を
スパニッシュ瓦
という

鳥や植物など
さまざまな
モチーフは
見ていて飽きない

土木工事の様子や
大工が描かれた
定礎銘板も見逃せない

色とりどりのテラコッタ製タイルで賑やかに飾られる円筒状の喫煙室

外壁にひっそりと佇む
猿のレリーフ

7

SINCE 1927

東京・新宿区

レストランとして
よみがえった
スパニッシュの館

小笠原伯爵邸
（旧小笠原長幹邸）

1 北に位置する玄関側の外観。鳥の形に刈り込まれた植木が愛らしい 2 葡萄と蔦の装飾があしらわれたキャノピー。葡萄は葉がよく茂り、蔦がのびることから豊穣や長命を象徴するモチーフである 3 曾禰中條建築事務所の名が入る定礎銘板。上部は土木工事、下は大工と左官工事の様子をあらわす

コンドルの弟子、曾禰達蔵の傑作

新宿区河田町は、町域の大半を東京女子医科大学および付属研究機関が占める。そんなエリアの一角に、広大な敷地に建築面積1100㎡を誇る建物がある。旧小笠原邸である。

小笠原長幹（1885—1935）は、旧小倉藩主の小笠原忠忱の子息で、明治18年東京に生まれた。学習院大学卒業後、ケンブリッジ大学に留学し、式部官などを経て貴族院議員、陸軍参事官、国勢院総裁を歴任した。ちなみに小笠原家は、小笠原流で知られる礼儀作法をおこした家系である。その伝統的な家系を継ぐ長幹が、洋館中心の住まいを建てたのが実に興味深い。

設計は曾禰中條建築事務所。その創設者の一人である曾禰達蔵（1852—1937）は工部大学校の一期生で、辰野金吾、片山東熊らとともにコンドルの一番弟子にあたる。東京海上ビルディング、郵船ビルディングなど数多くの事務所建築を設計して名を馳せたが、現存する代表作には小笠原邸のほか、慶応大学の図書館、岩崎家の熱海別邸などがある。小笠原邸を手がけたのは、曾禰の出身である旧唐津藩の藩主が小笠原家と婚姻関係にあったことが関係しているという。

4 玄関の内扉。鳥かごのモチーフと天井のステンドグラスの配置が絶妙　5 パティオと呼ばれる中庭　6 玄関内扉上部の鉄製のファンライト。かごの外でも小鳥がさえずる　7 玄関ホールの天井のステンドグラスは、ステンドグラス作家小川三知の図案で、何羽もの鳩が天空に舞い上がる様子が描かれている　8 中庭の階段を上ると、屋上に出る。床のタイルは当時のもの

昭和初期に流行した様式

小笠原邸は鉄筋コンクリート造り平家建て（一部2階建）。当時最新の技術だった鉄筋コンクリート造りとしたのは、建て主の意向によるもの。明治期に建てた旧小笠原家の建物が震災で倒壊したため、とりわけ耐震性が求められたという。ちなみに壁の厚さは20cmと、現在の耐震基準からみても頑丈な建物となっている。

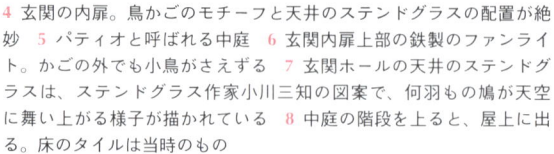

まずは外観から見ていこう。この建物のデザイン上のポイントはスパニッシュであること。スパニッシュはアメリカを経由して、大正末期から昭和初期にかけて大流行した様式である。小笠原邸に見るスパニッシュの特徴は、外壁のクリーム色の洗い出しを荒く仕上げ、手仕事の跡を見せていること。開口を小さくし、鉄格子をはめていること。屋根に青色の円筒型の瓦を交互に組み合わせたスパニッシュ瓦を葺いていることなどが挙げられる。

また、軒の出を浅くする本流のスパニッシュに比べて、日本の多くのスパニッシュは雨の多い気候にあわせて軒の出を深くしがちだが、ここはそれをしていないので正統派といえる。さらに、パティオと称する中庭を設けることや、中庭に面してアーチ型開口部が並ぶのもスパニッシュの特徴だ。

9 ロビーから廊下に続く入口の唐草模様のアイアンワーク。廊下は中庭からの光が入り、明るい空間となっている　10 客室には、華麗な装飾が施され、訪れた客を迎える　11 客室の開口部上部に施された花かごのレリーフ　12 重厚な雰囲気の食堂。現在はレストラン利用者の待合スペースとして使用されている。中央にある大テーブルは当時より現存する唯一の家具。メロンレッグという装飾的な脚をもつ

細やかな意匠が凝らされた空間

玄関を入り、ロビーから廊下に出、玄関の内扉、鉄製の半円アーチのファンライト（明り取り）部分にも注目してほしい。かごのなかには鳥がさえずり、周囲にはエントランスの装飾同様、葡萄と蔦が舞う。このように、邸内随所には鳥のモチーフが見られ、小笠原邸が「小鳥の館」と呼ばれたゆえんとなっている。

さて、北側の玄関にまわってみよう。玄関に張り出されたキャノピーには、葡萄と蔦があしらわれ、軽やかな印象を受ける。玄関正面の上部の額縁飾りのなかにも、葡萄と蔦をモチーフにした装飾を施している。

ARCHITECTS.1926.AD" と記されている。定礎板に設計事務所の名前を入れるのは、欧米では当たり前だが日本では珍しい。これは、設計者の自信の程があらわれたものだろうか。

そして、その足元には陶板製の定礎銘板がはめ込まれ、"Sone & Chujo,

外観上の見所は、背面側の円筒状に張り出した喫煙室の外壁で、テラコッタの色タイルで賑やかに装飾されている。オウムやトンボ、葡萄、太陽などが唐草のあいだを漂うさまはいかにも楽しげ。色タイルを外壁の飾りに使うのはイスラムの伝統である。

13 イスラム風の意匠で埋め尽くされた喫煙室

左手に見えるのは、壁面を腰高の羽目板にし、天井は梁型を露出させたチューダー風の部屋。ここは、かつて食堂として使用されていた部屋で、中央に置かれたテーブルは、伯爵家で実際に使用されていた現存する唯一の家具である。テーブルは脚の中央にメロンレッグと呼ばれる丸い玉のような飾りをもつ重厚なものだ。

一方、客室は白色を基調として壁に付柱を並べ、天井は蛇腹を何重にもまわしてすり鉢状にすぼめている。柱の頂部には果物とバラをモチーフとした華麗な装飾が施され、開口部の上部に置かれた花かごのレリーフも優美な部屋を一層華やかにしている。さらに南面の柱間にはニッチが設けられるなど、全体として遊び心にあふれた優しいデザインになっている。

こうした華麗なインテリアのクライマックスが、外観も特徴的な、円筒形の喫煙室だ。床一面に大理石による放射状の幾何学模様が広がり、天井は青を地色とし、金で星形を縁取りした大胆なもの。黒い大理石の柱に唐草の柱頭、開口の多弁状アーチ、小壁のオジーアーチの組み合わせなど、床から天井まで部屋まるごとイスラム風の濃密な装飾で埋め尽くされている。

書斎と寝室は、あいだにあった壁を抜いて一室にして、現在はレストランのメインダイニングルームとして使用しているが、天井にその名残がある。書斎側は梁型をあらわして廻縁はエッグアンドダート（卵と矢尻をあらわしたデザイン）。寝室側は紐綱飾りをまわし、見切りなしに天井を塗り上げている。細かい意匠上の見所を挙げるときりがないが、最後に、玄関脇の応接室について。ここは、当初は男性専用の喫煙室と対になる女性用の社交場だった。天井の花弁状の中心飾りなどにその名残がある。個室は壁側に3室並び、残りは白く装飾に包まれた広々とした空間で、女性専用のとっておきの場所となっている。

メロンレッグ

民間資本による保存・再生

小笠原邸は、戦後の一時期GHQに接収され、その後は都に移管された。都は建物を中央児童相談所として利用していたが老朽化が進み、一時は取り壊しも検討したという。都は民間資本を活用した最初の保存再生事業の対象にこの建物を選択し（PFI事業という）、現管理者によって修理したうえ、現在はスパニッシュレストランとして活用されている。

(提供：小笠原伯爵邸)

14 書斎と寝室につながる、南面に配されたベランダは、アーチ型の連続窓から光がそそぐ開放的な場所となっている **15** もと寝室、書斎であったメインダイニングルーム。奥の造り付けの棚はかつての書棚 **16** 窓を大きくとっている明るい2階の小部屋

data

細部は見所満載。部屋ごとに様相を変えるデザインを味わいながら食事をとるもよし、1棟借りして各室で異なる表情を見比べるもよし。伯爵の館という当初の機能は失われたが、今もなおその豪華な意匠を堪能するにふさわしい、幸せな使われ方をしている建物だと思う。

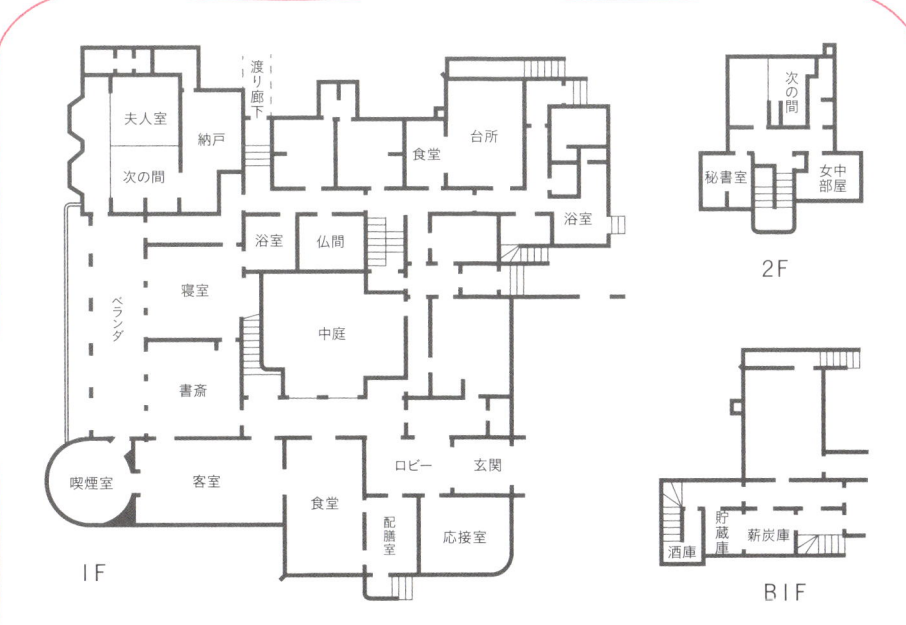

竣工年 1927(S2)　**設計者** 曾禰中條建築事務所　**所在地** 新宿区河田町10-10　**見学情報** [営業時間]ランチタイム 11:30～15:00 ディナータイム 18:00～22:00(定休日無・但し年末年始を除く/予約制)
※レストラン利用者は館内の見学が可能　**文化財指定など** 東京都選定歴史的建造物　**アクセス** JR他「新宿駅」よりタクシー10分、都営大江戸線「若松河田駅」より徒歩1分

繊細な植物文様の透かし彫り

純白のレースのような軒飾り

小割林のスティックワークはデザイン上のアクセントとなっている

東側外観。半円形のふくらみがチャームポイント

玄関に吊るされた照明

8 SINCE 1896 東京・新宿区

唯一現存する明治・大正期の皇室の庭園休憩所

旧洋館御休所
（新宿御苑内）

46

1 車寄せ上部のシザーズトラス風架構　2 窓下の×型と、壁上部の縦板のスティックワークにも注目したい　3 御食堂とホールにつながる戸口

皇室が訪れた憩いの館

新宿御苑の敷地は、もとは高遠藩主内藤家の江戸屋敷だった場所を、明治12年より宮内省所管としたもので、皇室の植物園として整備された。当初は御猟場や養蚕関係施設が置かれていたようだが、明治25年には温室が建設され、同36年には日本庭園、39年までにフランス式庭園がつくられるなど、御苑としての整備が進み、天皇、皇后をはじめ皇室がしばしば訪れるようになった。

旧洋館御休所は、御苑の中央部に広がるイギリス風景式庭園の北、温室(現在建て替え中)の隣りに建つ。明治29年の建設で、元来は皇室が温室の果樹などを観覧されるときに用いられる休憩所だった。のちの昭和天皇のゴルフに代表されるように、御苑は皇室の運動場に使われることも多くなり、御休所も次第に一種のクラブハウスとしての役割を担うようになった。

設計は宮内省内匠寮(片山東熊、村上萬助ほか)の手によるもの。担当者の一人である片山東熊(1854—1917)は、工部大学校造家学科(現在の東京大学建築学科)の一期生として、東京駅を設計した辰野金吾らとともに、コンドルに初めて師事したわが国最初期の建築家である。手がけた作品を挙げればきりがないが、重要文化財に指定された帝国奈良博物館、帝国京都博物館、上野の東京国立博物館の構内にある表慶館、さらに近代建築として初めて国宝に指定された東宮御所(迎賓館赤坂離宮)などがある。

端正な美の追求

構造は木造平家建て。屋根は切妻造り、スレート葺きである。南に面した玄関の車寄せや、中央を半円状に突出させた東面などが外観上のアクセントになっている。平家建ての瀟洒な建物だが、片山をはじめとした宮内省内匠寮の端正なデザインが随所に光る。

外観は、漆喰の壁に化粧の柱型や横桟を見せる。これは、当時アメリカの住宅建築を中心に流行したスティックスタイルを基調にしたものである。連続した間柱として小割材(スティック)を外観にあらわすところに特徴があり、厳密には様式というよりも、構法・技法ともいうべきもの。こうしたスティックワークは、窓台の下の×型や、内廊下の斜め材を重ね合わせた装飾、あるいは外壁の上部に張りめぐらされた縦板の列など、細かに用いられている。

ほかの外観上の特徴としては、車寄せおよび庇の内法上部をシザーズトラス風にしていたり、軒先をレースのよ

4 皇室の方々がくつろいだ御居間。復元された藤製の家具が置かれている

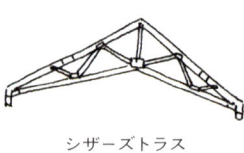

皇室のクラブハウス

石敷きの車寄せから内部に入ると、玄関の黒白タイルを貼り分けた床に目が行く。玄関の奥はホールになっていて、ホールをはさんで右側に次之間と御居間、左側に御食堂が配置されている。

手の込んだ木細工の装飾が施された外装に比べると、内装は各室とも比較的あっさりとした印象を受ける。それでも、主要室である御居間、次之間、御食堂には暖炉を備え、絨毯敷きに壁紙を張り、窓には前飾りつきのドレープカーテンや、レースカーテンを吊るなど格式高いデザインをもっている。天井は蛇腹つきの木天井に格縁をまわし、中心飾りからシャンデリアが吊るされている。

御食堂の背面側には臣下控室、調理室があり、また御居間の背後には中庭を介して浴室やトイレがある。これは、大正期に増築されたもの。浴室には、バスタブやタオルかけ、照明などの器具が当時のまま残されている。併設さ

うに加工するなど、装飾的な要素を多用している点が挙げられる。切妻破風の頂部に施された、植物文様の透かし彫りにも注目したい。

中庭と居間をめぐる廊下は、当初は吹き放しだったが、浴室の増築にともなって、ガラス戸を建て込み、内廊下にした。ここも外部と同様、柱型をあらわし、欄間にスティックワークを施し、長押の鼻先に繰形付きの木鼻状の装飾をつけるなど、スティックスタイルの見本のような質の高いデザインである。

シザーズトラス

御苑散策の楽しみ

建物は建築後、御苑の整備が進むに従って増改築が行われたが、近年行われた保存修理において、現状の規模と同じである大正13年の改修時の姿に復元された。明治・大正期の皇室関係の庭園休憩施設として、唯一残る建築物である。小規模で、比較的簡素な建物でありながら、宮内省内匠寮の腕の確かさが感じられる。

広さ58haを誇る庭園は、プラタナス並木が美しいフランス式整形庭園、広大な芝生とユリノキが高くそびえ、明るく伸びやかなイギリス風景式庭園に、昔ながらの日本庭園が巧みに組み合わさっている。苑内では、ほかにも中国風の意匠が印象的な旧御涼亭など、皇室由来の建築物を鑑賞できる。御苑散策の際に是非立ち寄りたい。

れたトイレは、当時としては珍しい水洗式だった。

data

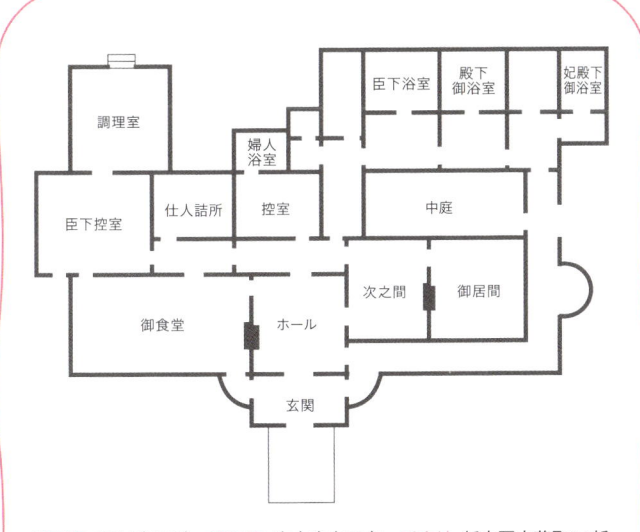

```
調理室  |  臣下浴室 | 殿下御浴室 | 妃殿下御浴室
      | 婦人浴室 |
臣下控室 | 仕人詰所 | 控室 | 中庭
         |         | 次之間 | 御居間
      御食堂 | ホール |
             玄関
```

竣工年 1896(M29)　**設計者** 宮内省内匠寮　**所在地** 新宿区内藤町11新宿御苑内　**見学情報** [開館] 9:30〜16:00 ※園内は酒類の持ち込み禁止。遊具類の使用も禁止 [休館] 月曜日(休日の場合は翌平日)、年末年始(12/29〜1/3)　**入園料** 一般200円　**文化財指定など** 国指定重要文化財　**アクセス** JR他「新宿駅」より徒歩10分、東京メトロ副都心線・都営新宿線「新宿三丁目駅」より徒歩5分、東京メトロ丸ノ内線「新宿御苑前駅」より徒歩5分、JR「千駄ヶ谷駅」より徒歩5分、都営大江戸線「国立競技場駅」より徒歩5分

5 晩餐会も開かれたという広々とした御食堂　6 玄関。右側の扉は内廊下につながっている　7 内廊下の壁に見られるスティックワーク。ガラスも一部当時のものが残されており、よく見るとわずかに凹凸があるのがわかる。これが差し込む光を和らげている　8 ホールの天井。デザインは各部屋にほぼ共通している　9 内廊下の長押の鼻先についた特徴的な装飾

2階から4羽の
みみずくが
見守っている

アーチ窓の
デザインは
蜘蛛の巣のような
美しさ

表現を変える壁に対して、
窓まわりは
すっきりとして見える

庭園側から眺める外観。1階のアーチ窓との2階の矩形の窓の対比が美しい

庭にある鳩の置物

9
SINCE 1924
東京・文京区

鳩のモチーフを
ちりばめた
大物政治家のお屋敷

鳩山会館
（旧鳩山一郎邸）

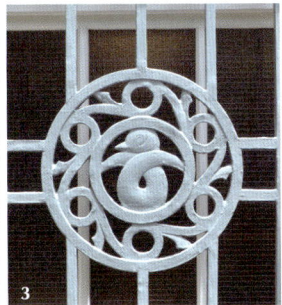

1 音羽通りに面した場所に鳩山邸の立派な門構えが見える　2 正門の門扉に飾られた、鳩山家の家紋(しりあわせ三つ雁金)は一瞬鳩にも見える　3 地階の換気窓にはめられたグリルのデザインも鳩山家の家紋をアレンジしたもの　4 正門を抜け、さらに坂を上ると玄関ポーチへとようやくたどり着く

名門鳩山家のお屋敷

文京区音羽は、音羽通り沿いに講談社の本社ビルをはじめとしたビル群が立ち並ぶ一方、戦前にさかのぼる大規模なお屋敷から瀟洒な小住宅まで立地している。旧鳩山邸も、この音羽通りのビル群を抜けて坂を上った小高い敷地にあり、現在は鳩山会館として公開されている。鳩山家が音羽に居を構えたのは明治24年のことだが、現在残る洋館は鳩山一郎時代のもので、大正13年の建築である。

鳩山一郎(1883—1959)は、衆議院議長や東京専門学校(現早稲田大学)の学長を務めた鳩山和夫の長男として東京に生まれた。東京帝国大学を卒業後、弁護士を経て、衆議院議員に当選。田中義一内閣で内閣書記官長、犬養毅内閣と齋藤實内閣で文部大臣を歴任し、昭和29〜31年には内閣総理大臣を務めた。鳩山家といえば、和夫、一郎、威一郎、由紀夫、邦夫と4代5名にわたって著名な政治家を輩出した名門である。

著名な政治家の家だけに、エピソードにも事欠かない。戦後の政治体制を決定づけることとなった自由党(現在の自民党)の創設に関わる協議や、首相として決断した日ソ国交回復の下準備もここ鳩山邸で行われたという。

設計者、岡田氏との交友

建物の設計者は岡田信一郎(1883—1932)。岡田は様式建築の名手として、さまざまな建築様式をこなし、建て替えが進む銀座の歌舞伎座や、重要文化財に指定されているお堀端の明治生命館などを手がけた。鳩山が岡田に設計を頼んだのにはわけがある。二人は旧制中学以来、一高、東京帝国大学を通じての親友で、彼らのあいだには並々ならぬ友情と信頼があったということだ。鳩山一郎夫人は二人が親しくしていた寺田栄の娘、薫。彼女をめぐって争ったという逸話も残るが、こちらのほうは定かではない。

建物の構造は鉄筋コンクリート造りで、屋根裏付きの地下1階、地上2階建て。敷地には高低差があるため、玄関ポーチのある地階は半地下の扱い。

多様な表現手法を駆使した外観

まずは外観から見ていこう。外壁は、鉄筋コンクリート造りの躯体にれんがタイル貼りや人造石洗い出し仕上げになっている。壁は目地を切って石積み風に見せ、表面を凸凹にした割肌風に仕上げて石の素材感を出しているのに対し、窓まわりや軒まわりは色味を変えて平滑な仕上げにして、壁面と窓まわりで表現を変えている。なお切妻の上

5 側面の内玄関。トスカナ式の双子柱を立てた古典的意匠をもつ　6 半円形のアーチにリブヴォールトが交差する、ロマネスク風の玄関ポーチ
7 玄関ポーチ上部の意匠。鹿の頭の両脇に2羽の鳩が舞う　8 2階から美しい庭園を眺める

正面側の玄関ポーチは、半円アーチにリブヴォールトを交差させ、ロマネスク風の穏やかな雰囲気を漂わせている。ポーチの上部を見上げれば、壁面からは鹿の頭が飛び出し、その両脇には鳩が2羽。こうした動物の頭部を使う装飾は正統な西洋建築にもあるが、通常は室内装飾だけで、外部に使用するのは珍しく、建築家の遊び心が感じられる。一方、側面側の内玄関のポーチはトスカナ式の柱を2本並べた端正な古典的デザインである。

背後の庭園から眺める外観は最大の見所である。1階をアーチ、2階を矩形と対比させた広い開口に、枠や桟を白色で統一させた窓を柱間いっぱいに入れているため、随分と軽快な印象を受ける。これは鉄筋コンクリート造りだからこそ実現できる広い開口であり、当時最新の構造による瀟洒なデザインが試みられている。

両脇に見える切妻のボリュームをセットバックさせているのも重厚さを避けた表現と思われる。また、屋根にのせられた、3連の白く縁取られた大振りのドーマー窓が、一層軽やかさを与えている。2階の付柱の上にみみずくを置くのも愛らしい。みみずくは知

部は同じく洗い出しだが、表面を引っかいてスクラッチタイルのようにしているところが面白い。

52

9　2階の付柱上部にある、みみずくの置物。みみずくは知恵の象徴　10　玄関へと続く階段。白い大理石に深紅の絨毯が映える　11　玄関扉上部のステンドグラス。モチーフはイオニア式の柱と鳩　12　格式ある重厚な趣の応接室。多くの要人もここに通された

色々なスタイルの部屋がある1階

いよいよ、なかに入ってみよう。玄関ポーチから半円アーチの扉をくぐると、玄関へと続く大理石張りの階段が目に飛び込んでくる。敷地内の高低差を解消するためかもしれないが、玄関からホールへと同レベルで続く通常の洋館とは違った演出である。階段を上がって振り返ると、扉上部のステンドグラスがよく見える。図案はイオニア式の柱にさまざまな色彩の鳩が集うものである。

建物内部の見所は、玄関の先に設けられたホールに沿って並べられる応接室、居間、食堂の3室で、それぞれ異なった様式でデザインされている。

応接室は大理石張りの暖炉を設え、壁に腰高の羽目板を張り、天井は梁型をあらわす重厚なつくり。濃灰色の大理石の暖炉の両脇にはステンドグラスの入った壁があり、全体として格式張ったデザインである。

真ん中の居間は壁を漆喰で明るく

恵の神ミネルバの使いとして有名で、旧首相官邸にも置かれている。これらの要素が全体の雰囲気を何とも優しいものにしている。

ドーマー窓

13 アダムスタイルの意匠が随所に施された居間。明るく軽やかな雰囲気が漂い、ゆったりとくつろげる空間となっている

塗った上に、蜘蛛の糸に水滴がついたような繊細な装飾が薄く盛り上げられている。これはアダムスタイルといい、18世紀のイギリスの建築家ロバート・アダムとその兄弟が創案したもの。軽さと明るさと繊細さが信条となっている。壁や天井をパステル調の色彩としたり、暖炉まわりに円柱や、壺の浮彫を施したりするのもアダムスタイルの特徴。さらに、サンルームとのあいだの小壁のステンドグラスに鳥のモチーフが使われていることにも注目したい。

食堂は、造り付けの食器戸棚が重厚さを醸し出す一方、腰の羽目板や扉の縁には素朴な手斧仕上げが施され、チューダー様式の影響もうかがえる。全体として、落ち着いた雰囲気となっている。

また、この3室で重要なことは各室の流動性である。それぞれの部屋が360度可動する扉で仕切られ、開け放てば各室が流れるように連なることが、空間上の特徴となっている。

庭に面したサンルームは3連アーチの開口を通じて差し込む光が明るい。腰にはれんが色のタイルを貼り、床は緑色を地としたモザイクタイルで仕上げている。これらが、全体を白を基調に整えられた内装との対比をなし、日差しが室内に充満するなかで、心地よい場所となっている。

2階プライベートルームへ

さて、2階へ。階段を上がる際に注目したいのが、階段室にはめられたステンドグラス。図案は五重塔の上部に色とりどりの鳩が飛びまわる和風のモチーフ。このように、内外部の装飾の特徴は何といっても随所に配された鳩である。先に触れた玄関両隅の鳩をはじめ、扉や、ステンドグラスなどいたるところに鳩のモチーフが見られる。鳩は自由や神聖な意味をもつ図像だが、当然「鳩山邸」だからということもあるのだろう。

鳩山邸のステンドグラスは、当代きってのステンドグラス作家として名高い小川三知の手によるもの。図柄は先ほど触れた玄関上部がイオニア式の柱と鳩、階段室が五重塔に鳩、西洋と日本のモチーフが巧みに使い分けられている。

2階には現在、三つの記念室がある。一郎記念室は、もとは一郎の書斎だった部屋。暖炉が設けられ、周囲には造り付けの本棚が並ぶ。薫記念室は和室の応接室だったところで、伝統的な床棚を備えている。また、威一郎記念室はもと夫人室であった。さらに、中央の大広間は記念館に改造する際に、寝室の間仕切をとって大広間に改築されたものだ。

54

14 重厚な雰囲気のなかにも、腰の羽目板や扉の縁に施された手斧仕上げによって、素朴さが感じられる食堂
15 明るい光が差し込むサンルーム。窓の外には、美しい庭の景色が広がる　16 階段室にあるステンドグラス。よく見ると、ガラスが二重になっており、立体感を出している。モチーフは五重塔と鳩

鳩山邸は、西欧の様式の規範にのっとった洋館の名に相応しい佇まいをもつ一方、自由の象徴である鳩を随所にちりばめるなど、建築家の遊び心を見ることができる。建て主と建築家の信頼と友情によって生まれた、大正期を代表する住宅建築である。

data

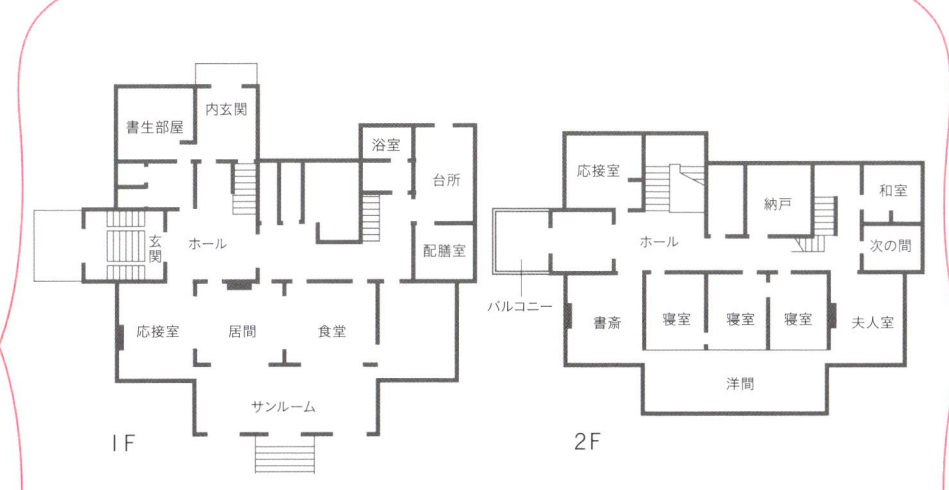

竣工年　1924(T13)　設計者　岡田信一郎　所在地　文京区音羽1-7-1　見学情報　[開館] 10:00〜16:00(入館は15:30まで) [休館] 毎週月曜日(祝・祭日は開館)、1月〜2月と8月は休館　入館料　一般600円(各種割引あり)　アクセス　東京メトロ有楽町線「江戸川橋駅」より徒歩7分、「護国寺駅」より徒歩8分

上げ下げ窓の
とんがり模様が
かわいい

1、2階ともに
壁の裾が
広がっている

軒先、方杖に
大工ゴシックの
妙味あり

大きなガラス張りの開口をもつ外観

応接兼居間の暖炉に
使われたタイル

大工ゴシックを忍ばせる
質素な宣教師の住まい

雑司が谷旧宣教師館
（旧マッケーレブ邸）

10
SINCE 1907
東京・豊島区

1 2階の上げ下げ窓。上部の尖塔型の桟割りが独特だ **2** 玄関ポーチ。方杖には大工ゴシックの特徴が見られる **3** ベイウィンドウ。1・2階のあいだの壁板の裾が広がっているのが面白い

宣教師マッケーレブ

豊島区立雑司が谷旧宣教師館は、東京池袋の副都心に近い、雑司ヶ谷霊園に沿って雑司が谷一丁目に位置する。雑司ヶ谷霊園は明治7年に共同墓地として創設され、約11万㎡の園内には夏目漱石や竹久夢二、泉鏡花、東郷青児といった多くの著名人が眠る。また、このあたりは大正から昭和にかけて発展した住宅地で、都内でも戦禍を逃れた数少ない場所である。したがって大規模な区画整理もされず、道路が複雑にくねり、地図を持って歩いていても迷いそうになる。

雑司が谷旧宣教師館は、宣教師のマッケーレブ(1861～1953)が、自らの住宅兼布教施設として明治40年に建築したものである。マッケーレブは、日本の開国にともない来日した多数の宣教師のうちの一人。彼らは各地に自らの住宅である宣教師館を建て、ここを人々に開放し、語学や西洋料理を教えるといった啓蒙活動を通じて布教活動を行った。

アメリカのテネシー州で敬虔なクリスチャンの農家に生まれたマッケーレブは、ケンタッキー州のカレッジ・オブ・ザ・バイブルに入学し、ここで世界宣教の刺激を受ける。明治25年、布教のため来日。当初は居留地だった築地の12番館で布教を開始し、神田や小石川を転々とするが、明治40年に雑司が谷に移り住み、以後この地を拠点に宣教活動を開始した。

マッケーレブが開いた雑司ヶ谷学院では、学生たちは彼と共同生活を行った。学生は、日中はそれぞれが通う大学で学び、朝と夜にマッケーレブを教師として聖書と英語を学んだ。彼はクリスチャンの品格を備えた青年の育成を目指したが、学生のなかには飲酒や喫煙など不正行為をはたらくものが続出した。また関東大震災で学院の建物が被災したこともあって、マッケーレブは建物を復旧することなく学院を閉鎖してしまう。

それでも彼は学院の運営に併行し、教会堂を建て、幼稚園を開設するなど、積極的な布教に努めた。しかし昭和16年の戦時体制下、アメリカ大使館は在日米国人に帰国を勧告。マッケーレブもこれに従い帰国した。

大工ゴシックを味わう

建物の構造は木造2階建て。設計者、施工者とも不明だが、外国人建築家の関与が考えられる。施工は日本人大工で藤崎という姓のみ伝わっている。

外観は下見板張りのペンキ塗りで、アメリカのシングル(板張り)スタイルに連なる様式である。上げ下げ窓の上

4 開口部からの光が充満する明るい食堂。シンプルだが、暖かみがあり、心地よい空間となっている

内部はいたって簡素である。玄関からホールに入ると、右手に主階段があり、左手に応接兼居間、食堂、さらに右奥に突出して教会事務室がある。この3室はそれぞれ暖炉をもつが、平面上、暖炉を中央に集中させるのは煙突を一つとする工夫。各室のあいだを扉ではなく引戸とするのは、部屋をつなげて開放的に利用するためと思われる。

2階は、1階と同様の間取りで、各室は寝室などに使用されたと思われる。また、寝室を囲んでベランダがある。このガラス戸を建て込んだベランダにはサンルームの機能もあったと考えられる。

各室とも板張りの床に漆喰塗りの壁で、天井は格天井。2階は格子に割竹が使われ、外国人の竹への興味がうかがえる。装飾的な見所は暖炉で、とくに1階応接兼居間のそれは、上部にブロークンペディメント風の飾りと鏡を備え、暖炉の両脇には植物をモチーフとしたアール・ヌーヴォー風の魅力的な柄のタイルを貼っている。

雑司が谷旧宣教師館は、簡素な下見板張りの木造住宅だが、19世紀のアメリカ東部の住宅建築の様子をそのまま日本に伝える貴重なものだ。異国で布教に励むアメリカ人宣教師の暮らしぶりを想像しながら鑑賞したい。

部を尖塔型に尖らせた特異な桟の割付けや、背面側2階のベランダ(サンルーム)いっぱいに広がる開口が印象的だ。

もう一つのポイントが、玄関ポーチやベイウィンドウ上の切妻を受ける方杖や、破風の軒先などに見られる独特の繰形で、これはアメリカで発達した大工ゴシック(カーペンターゴシック)と呼ばれる、ヨーロッパのゴシックに由来するデザインである。本物のゴシックは構造、装飾とも大変に重厚かつ華やかなものだが、その要素を借りて大工にも扱える簡単な意匠として建物に忍ばせるところに大工ゴシックの妙味がある。

屋根は寄棟だが、一部にベイウィンドウを張り出して切妻を見せている。妻には屋根窓を開けて半円アーチの飾りがまわされ、ベイウィンドウにも1階は斜めに、2階は直角に張り出すなど変化がつけられている。

また、下見板張りの1階と2階のあいだの胴まわりと、基礎石の上部で板の裾を広げているのが特徴的である。アメリカの19世紀後半の住宅に類例があり、壁や土台を湿気から守るための工夫であろうが、ほかの日本の洋館では見たことがない。

大工ゴシックの方杖

5 2階の部屋。現在は展示室となっており、雑司が谷の文化活動などが紹介されている　6 2階のベランダ。広い開口からは、さんさんと光が差し込む　7 アール・ヌーヴォー風のタイルを貼った応接兼居間の暖炉　8 窓際に腰掛けると、庭の緑に癒される　9 教会事務室として使われた部屋。現在は児童書コーナーになっている　10 玄関脇から2階へ通じる階段。この建物にはもう一つ、食堂横にも階段がある

data

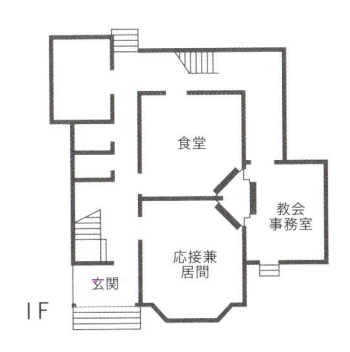

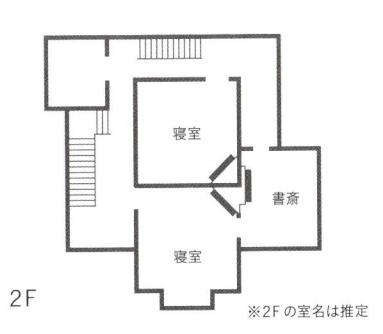

※2Fの室名は推定

竣工年 1907(M40)　**設計者** 不詳　**所在地** 豊島区雑司が谷1-25-5　**見学情報** [開館] 9:00～16:30 [休館] 月曜日、毎月第3日曜日、国民の祝日の翌日(翌日が日曜日の場合は翌火曜日)、年末年始　**入館料** 無料　**文化財指定など** 東京都指定有形文化財　**アクセス** 東京メトロ有楽町線「東池袋駅」より徒歩10分、「護国寺駅」より徒歩10分、東京メトロ副都心線「雑司が谷駅」より徒歩10分、都電荒川線「雑司ヶ谷駅」より徒歩7分、「鬼子母神前駅」より徒歩10分

ぱっと目を引く
華やかなドーム

細部にわたって
施された
華麗な装飾

玄関ポーチの
双子柱に迎えられて
内部へ

ジャコビアン様式の装飾が随所にちりばめられた秀麗な外観

旧岩崎邸庭園（旧岩崎久彌邸）

コンドルの手による
ジャコビアン様式の邸宅

11
SINCE 1896
東京・台東区

階段脇のランプ

60

1 サンルーム側の外観。サンルームは後から増築されたものである　2 窓上の半円アーチに施された、末端が蔓を巻くような装飾はジャコビアンの特徴　3 庭に面するベランダ。1階はトスカナ式、2階はイオニア式の列柱

三菱第三代社長、久彌の豪邸

旧岩崎邸は、北東を不忍池、南を湯島天満宮（湯島天神）に接し、もと越後高田藩榊原家の藩邸が所在した旧下谷区茅町（現台東区池之端）に位置する岩崎久彌の茅町本邸として、明治29年に竣工した。現在、三つの建物（洋館・和館・撞球室）からなり、洋館および撞球室はジョサイア・コンドルの設計、和館の大広間は大河喜十郎の施工によるものである。

岩崎久彌（1865―1955）は慶応元年、岩崎彌太郎、喜勢夫妻の長男として土佐国（現高知県）に生まれた。父彌太郎は三菱の創設者であり、久彌も三菱財閥第三代社長として長崎造船所の近代化や東京・丸の内地区の開発など事業の拡充を図った。

設計者のコンドルは、イギリスロンドン出身。サウスケンシントン美術学校とロンドン大学で建築を学び、ウイリアム・バージェス事務所に勤めた。一流建築家への登竜門であるソーン賞を受賞したのち、明治10年に来日。政府関連の建物の設計を手がけるかたわら、工部大学校造家学科（現東京大学工学部建築学科）の教授として、辰野金吾ら創生期の日本人建築家を育成し、日本建築界の礎を築いた。のちに民間で建築設計事務所を開設し、財界関係者

らの邸宅を数多く手がけている。一方で、河鍋暁斎に師事して日本画を学ぶなど、日本の伝統文化にも親しんだ。現存する作品としては綱町三井倶楽部、諸戸清六邸、本書にも収録した島津邸、古河邸などがある。

さて、岩崎邸は和館と洋館を併置し、洋館を接客、和館を日常の生活の場とした。明治の近代化にあたり、華族や実業家は、客人を迎えるために洋風の部屋を必要としたが、普段の生活は基本的に和室で行ったため、同一の敷地内に和館と洋館を併設する必要があった。岩崎邸の敷地は三分の一となり、現在では屋敷の敷地は三分の一となり、現在では屋敷の大部分が失われてしまったが、和館の大広間部分は残っており、また別棟の撞球室も現存しているので、今でも当時の大邸宅の暮らしを偲ぶことができる。

ジャコビアン様式の華麗な洋館

洋館は木造2階建て、外壁は下見板張りペンキ塗り仕上げ。屋根は天然スレート葺きである。

まずは外観を正面から見てみよう。中央から向かってやや右寄りに玄関ポーチを設け、玄関部には角ドーム屋根をもつ塔屋がそびえる。大屋根が架かる玄関部が主屋で、右側には小振りの棟が続く。壁に付柱が整然

4 華麗な1階ホール。三つ折れの大階段の脇には装飾の美しい双子柱が見える　5 玄関の色鮮やかなモザイクタイル　6 ホールの双子柱。ここにもジャコビアンの意匠が見られる　7 階段室の天井は、格子と花弁状の装飾が施された華麗なもの

各室で表情を変える内装

ポーチの双子柱に迎えられて内部へ入る。玄関床の華やかなモザイクタイルを見ながら、内部の見所である1階ホールに出る。ここは、基壇にのった2組の双子柱や、3連の開口部など重厚な構成になっている。双子柱の下部にはストラップワークが施されるなど、ジャコビアンの豊潤な装飾に満ちた、現存するコンドルの作品なかでも最も華麗なホールである。見上げれば2階の天井は格子と円の組み合わせで、円のなかには花弁状の装飾。ほかにもア

と並ぶ様子は、古典的なルネッサンスの表情だが、全体は左右非対称で、窓まわりの意匠も左右で変えるなど、変化に富んだ外観となっている。

さらに細部の意匠を見ると、随所に装飾が施され、ジャコビアン様式の装飾が取り入れられていることがわかる。ジャコビアン様式とは、17世紀初頭のイギリスで流行した、ゴシックからルネッサンスへの過渡的な性格をもつスタイルで、たとえば軒まわりの革紐を組み合わせたようなストラップワークなどにその特徴を見ることができる。

一方、庭に面した外観は1、2階ともベランダとした開放的なつくりである。ベランダを支える円柱にまわるバンドの装飾もジャコビアンの意匠だ。

8 イスラム風の意匠が凝らされた婦人客室。扉の脇の多弁型のアーチや、暖炉のオジーアーチがエキゾチックな雰囲気を醸し出す　9 腰羽目板に深紅の壁紙、天井は梁型をあらわした重厚な面持ちの大食堂　10 久彌が好んだ書斎。重厚なつくりではあるが、落ち着ける空間である

カンサスの装飾が豊かな階段手すりなど、装飾の度合いがきわめて強いが、節度を保って釣合がとれている。

1階のもう一つの見所は、婦人客室だ。扉の両脇の多弁形アーチのスクリーンや、暖炉のオジーアーチなどにイスラム様式を採用し、天井は日本刺繍が施されたシルクの布張りという豪華なもの。

ほかの部屋を見ると、大食堂は腰羽目板に、天井は梁型をあらわした重厚な雰囲気。書斎は久彌が好んだ部屋で、格子を組み合わせた天井の格間には植物文様の彫刻が施されるなど、重厚ななかにも繊細さが添えられている。

階段を上がって客室が並ぶ2階へ。
2階の客室の見所は、各室で文様を変える金唐革紙張りの壁である。金唐革紙とは、和紙を手作業でエンボス加工し、金箔や彩色を施した壁紙のこと。明治期には多数の洋風建築に使用され、また海外にも特産品として輸出されていたが、現存するのは国会議事堂をはじめ数件に過ぎない、貴重な壁仕上げである。

このように、岩崎邸は各室ともきわめて趣味に富んだ装飾が施されており、現存する洋館のうちでも外装、内装ともにトップクラスである。

オジーアーチ

11 金唐革紙の壁紙が美しい2階の一室。壁紙の図柄や色調は各部屋で異なる　12 繊細な意匠が施された天井をもつ2階の客室　13 2階の客室にある、大ぶりの鏡を備えた暖炉

撞球室と和館の大広間

別棟の撞球室はログハウス形式の木造平屋建てで、屋根はスレート葺き。スイスの山小屋風の素朴な外観に、上げ下げ窓を設け、妻壁のうろこ状のシングル張りが特徴的である。平面は正面向かって右半分に玉突場、左半分に休憩室、洗面室があり、正面にベランダが張り出している。

和館の大広間は木造平屋建て、屋根は桟瓦葺き。平面は南端に書院造りの広間をとり、この脇に次の間、三の間が配されている。広間の床の間の壁には、明治を代表する日本画家、橋本雅邦の作といわれる「富士山に波」が描かれている。附書院の欄間には岩崎家の家紋、「重ね三階菱」にちなみ、デザイン化した菱紋の組子を入れているのが面白い。菱紋は欄間や長押の釘隠しなど随所に見られる。また長押や天井板には継目無しの長物を使うなど、吟味された材料や高度な技術が駆使されている。岩崎邸を訪れる際は、ぜひ洋館とともにこれらの建物もご覧頂きたい。

岩崎邸は、和館と洋館の組み合わせで成り立った当時の上層階級住宅の姿が今に残る数少ない例。なかでも洋館は、折衷主義に優れた技量をもつコンドルの腕が遺憾なく発揮された、わが国屈指の邸宅である。

14 開放的な2階のベランダ。手すりのデザインが美しい　15 1階ベランダの床は英国ミントン社製のヴィクトリアタイルが敷かれている
16 2階ベランダにあるイオニア式の列柱の柱頭　17 別棟の撞球室。こちらの設計もコンドルによるもの

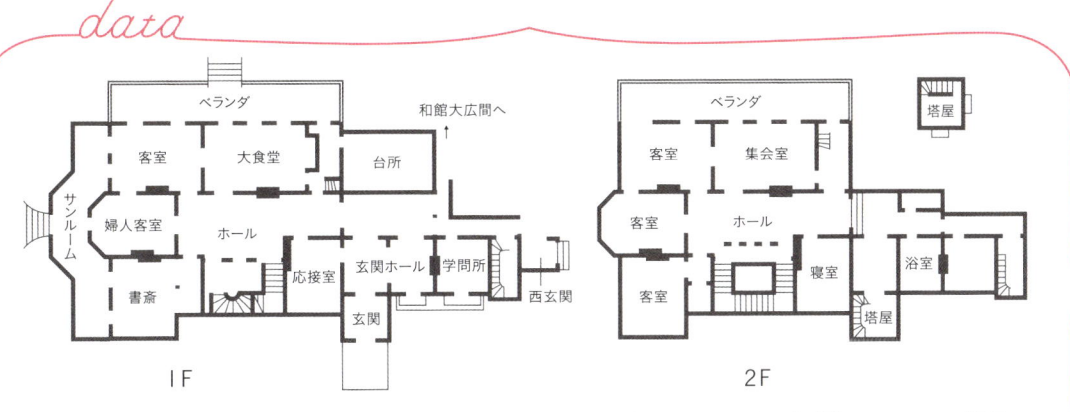

data

竣工年　1896(M29)　設計者　ジョサイア・コンドル　所在地　台東区池之端1-3-45　見学情報　[開館] 9:00〜17:00(入園は16:30まで) [休館]年末年始(12/29〜1/1)　入園料　一般400円(各種割引あり)　文化財指定など　国指定重要文化財　アクセス　東京メトロ千代田線「湯島駅」より徒歩3分、東京メトロ銀座線「上野広小路駅」より徒歩10分、都営大江戸線「上野御徒町駅」より徒歩10分、JR「御徒町駅」より徒歩15分

屋根の上の
小さな窓が
かわいらしい

ヨーロッパの山荘を
イメージさせる
重厚なつくり

壁面の黒と
窓まわりの白の
コントラストの
美しさ

美しい花を咲かせる洋風庭園からの外観

応接室の暖炉に施された
バラの彫刻

洋館のなかに
和室を忍ばせた
コンドル円熟の作品

旧古河庭園
（旧古河虎之助邸）

12
SINCE 1917
東京・北区

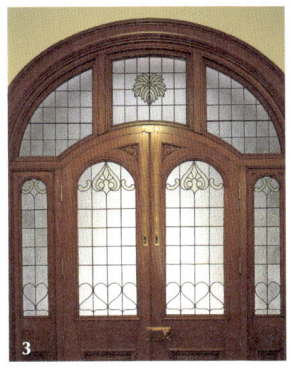

1 5月と10月にバラの見ごろを迎える洋風庭園。虎之介・不二子夫妻はバラをとても愛したという
2 黒々とした石張りの外観は一見いかめしいが、切妻や、ベイウィンドウなどで変化をつけている
3 玄関扉のガラスにはスペードやハートのような模様が施されている。扉上部にあるのは、古河家の家紋の鬼蔦

二つの庭園と重厚な館

旧古河邸は、実業家、古河虎之助の本邸として建設された。古河邸のある武蔵野台地の敷地は、かつては明治の元勲陸奥宗光の邸宅跡であったが、宗光の次男潤吉が古河家の養子になったことを受け、陸奥の屋敷地が古河家の所有となったのである。

古河虎之助（1887―1940）は、古河財閥の基礎を築いた古河市兵衛の長男として 明治20年に東京で生まれた。慶応の普通部を卒業後、アメリカのコロンビア大学に留学し、鉱山関係の教育を受けて明治40年に帰国。明治36年に父、38年に義兄潤吉を相次いで亡くし、若くして古河財閥の3代目当主として跡を継いだ。第一次世界大戦後の好景気を機に大いに家業を発展させ、大正4年にはその功績もあって男爵に列せられている。

建物の設計はジョサイア・コンドルで、彼の最晩年の作品である。古河邸のベランダの前には、幾何学的な形に刈り込まれた洋風庭園が広がるが、この庭園もコンドルの手によるものだ。

なお、洋風庭園に続く池泉回遊式の日本庭園は、植治の名で知られる京都の庭師小川治兵衛が手がけた。

建物はれんが造りの2階建てで、大正6年の竣工である。

庭から眺める外観は、ほぼ左右対称で、切妻屋根を両脇に配し、そのあいだに1階は3連アーチのベランダを設け、2階はやや後退させて高欄をまわしている。外壁は、真鶴産の新小松石という安山岩を凸凹のある粗い仕上げで積み（野面石積み）、その黒っぽい色調とあいまって、一見しての印象は大変重厚である。しかし、急勾配のスレート葺きの屋根を強調し、中央にはドーマー窓をのせ、さらにはベイウィンドウやベランダで外観に変化を与えているので、全体としては格式張らず、野趣と重厚味をあわせもったデザインになっている。これは、ヨーロッパの山荘や、田園地方の民家といった風情をねらったものと思われ、明治の豪壮な洋館とはひと味違った、大正ならではのデザインといえる。

さて、玄関から内部へ入ってみよう。まず玄関扉のステンドグラスが目に入る。図案は鬼蔦で、これは古河家の家紋を描いたもの。玄関ホールは広々としており、そのまわりにビリヤード室、応接室といった接客のための部屋が配されている。

食堂は内部の見所の一つで、腰羽目板の上部を深紅の布張りにした壁や、上部に大振りの櫛形ペディメントを

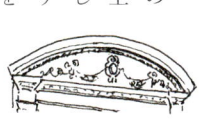

櫛型ペディメント

4 天井に果物の繰形をあしらい、格調高いなかにも華やかな印象の食堂　5 応接室は、いたるところにバラのモチーフが取り入れられている　6 白黒タイルの床や、幾何学模様の壁に囲まれたモダンなサンルーム

コンドルの日本建築への造詣の深さ

これら洋風意匠で統一された1階に対し、2階は寝室を除いたすべての部屋が畳敷の和室である。洋館の外観からは想像もできない部屋が並び、なかでも仏間は、前室との境に禅宗様の仏堂建築の意匠である火燈窓風の出入口を設けるなど、きわめて意欲的な表現を見せる。このような伝統的な意匠は客間や居間でも展開しており、コンドルが日本の伝統建築にも通じていたことをよく示している。

和館、洋館を併存させた岩崎邸の時代と異なり、洋風が日常生活まで浸透し始めると、一つの建物の中で和風と洋風を併存させる形式が出始める。古河邸はコンドルがこの課題に真正面から答えたものといえるし、このことがこの建物の最大の特徴となっている。

古河邸は、重厚で野趣に富む外観、華やいだ内装に達者な和風意匠、幾何学的デザインの庭など、自らの技量を遺憾なく発揮した、コンドル最晩年の円熟の作品といえるだろう。

備える暖炉をもつなど、重厚な雰囲気を醸し出している。天井に目をやると、パイナップルやリンゴといった果物のモチーフが数珠つなぎになった装飾が施され、食堂ならではの意匠となっている。

68

7 仏堂建築の伝統的な意匠である火燈窓風の出入口を備えた2階の仏間　8 床に棚、格天井、筬欄間と、厳格な書院造りのルールに従う客間　9 2階のホール。周囲の和室とのあいだには、中間的な領域があるため、ホールからは和室の意匠は見えない

data

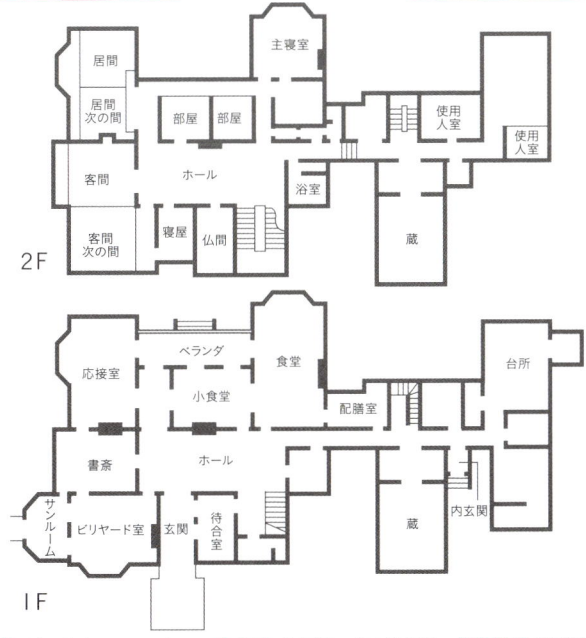

竣工年 1917(T6)　**設計者** ジョサイア・コンドル　**所在地** 北区西ヶ原1-27-39　**見学情報** [開館] 10:30～16:30(入館は16:00まで)、約1時間のガイド付き見学会あり(ガイドツアーはHPの予約フォームにて事前申込みが原則)[休館]月曜日(7月～9月、12月～2月)ただし休日の場合は翌火曜日が休館、および夏季(8月中旬)・冬季(年末年始)の長期休館　**入館料** 400円　※別途庭園入園料(一般150円)が必要〈庭園見学情報 [開園] 9:00～17:00(入園は16:30まで) [休園] 12/29～1/1　**文化財指定など** 国指定名勝　**アクセス** JR「上中里駅」より徒歩7分、東京メトロ南北線「西ヶ原駅」より徒歩7分、JR「駒込駅」より徒歩12分

> 控えめな煙突が
> のぞいている

> ほんのり灯る
> やさしい明かり

> シックな色合いの
> 四隅のタイル貼り

まるで西洋風茶室のような佇まいの晩香廬

晩香廬の玄関灯

晩香廬 青淵文庫

日本近代経済社会の父 渋沢栄一への贈りもの

13

SINCE 1917
SINCE 1925

東京・北区

1 ベランダを設けた正面側は軒を深くし、独立柱で軒を支える　2 談話室のベイウィンドウ側から見た外観　3 晩香廬の玄関を入った合の間

渋沢栄一の終の住処、飛鳥山

JR王子駅の西にある飛鳥山公園は桜の名所として著名である。この地に桜を植樹して行楽地としたのは八代将軍徳川吉宗の時代にさかのぼり、明治6年には上野、浅草などとともに日本初の公園に指定され、現在に至る。

一方、この南寄りの地はかつて曖依村荘と呼ばれた渋沢栄一の邸宅があった。8470坪におよぶ敷地には、和館と洋館からなる主屋をはじめ、大小さまざまな建物が点在したが、昭和20年の空襲で多くが焼失してしまった。ここで取り上げる晩香廬と青淵文庫は往時の姿を今に伝える貴重な建物だ。

渋沢栄一（1840─1931）は、現在の埼玉県深谷市深谷市の生まれ。慶応3年に徳川昭武に従い、パリ万博幕府使節団の随員として渡仏。明治2年、日本における先駆的な株式会社といわれる「商法会所」を設立。第一国立銀行や東京株式取引所をはじめ、多種多様な企業の設立・経営に関わり、社会事業を推進した。まさに、日本の近代化を支えた日本近代経済社会の父である。

渋沢が、飛鳥山に別邸地を求めたの
は明治10年のこと。本宅は東京を転々とするが、最終的には飛鳥山を終の住処とし、明治34年から移り住んで昭和6年に亡くなるまで30余年、最も長く住んだ地となった。

渋沢栄一

細やかな意匠にあふれる晩香廬

まずは晩香廬から見てみよう。晩香廬は、渋沢の喜寿を祝して清水組（現清水建設）四代目当主、清水満之助が謹呈した小亭。この贈呈には、清水組が満之助の祖父、二代目喜助の時代から渋沢に目をかけられ、近代的な一大建設会社に育ててもらったことへの恩返しという意味あいがあった。設計は田辺淳吉（1879─1926）。田辺は東京帝国大学建築学科を卒業後、清水組に入社し、晩香廬設計時は清水組五代目技師長だった。

晩香廬は大正6年の竣工。木造平屋建てで屋根は赤色の桟瓦葺き。西欧の山小屋を思わせる、すっきりとした建物である。なお晩香廬の名前の由来は渋沢自作の漢詩「菊花晩節香」にちなんだものとされる。

外観は、土壁仕上げで、四隅には黒紫色のれんがタイルを貼る。土壁は錆壁という、わざと鉄の粉を混ぜて錆を浮かせる左官技術。敷石は鉄平石を氷裂文様に敷いている。こうした小さな建物に対して材料、意匠を吟味し、ディ

4 多くの要人が招かれた、渋沢自慢の談話室　5 天井にはリスや鳩の飾り模様　6 談話室の照明。真鍮の枠組みにすりガラスを入れ、らでん細工を施した繊細な意匠　7 鳥のようなデザインをした談話室の扉の蝶番　8 中央に「壽」がデフォルメされている暖炉　9 暖炉脇のシンプルなステンドグラス（以上、晩香廬）

テールに凝って入念に施工がなされるさまは、日本の伝統建築である茶室をつくる感覚に近い。実際、この建物は当時から「新しい意味の茶室建築」と評されるなど、まさに西洋風茶室といった風情である。

格子戸をくぐり内部に入ると、木型を見せた土間（台の間）に出る。右手が主室であり、渋沢栄一が愛したという談話室。この場所にはインドの詩人タゴールなど国内外の要人が訪れた。

談話室に入る。二方に開口があり、室内は明るい。壁の腰は萩の茎を真鍮釘で留め、上部を青貝混じりの砂壁とした茶室風の仕上げ。付柱や天井廻縁、建具枠には丁寧に手斧はつりされた栗材が使われている。天井は緩やかに傾斜する船底板天井で、縁取りには鳩やリス、葡萄などが石膏細工で施されている。また中央2ヶ所には、鶴がかたどられた笠の枠に淡貝を膠で張ったという照明が吊るされている。最も目を引くのが、談話室の暖炉で、黒紫色の落ち着いた色調と見事に調和し、暖炉上中央には「喜寿」を記念した「壽」の文字がタイル積みで施されている。このほか、いずれもよく吟味された調度品や工芸品にも注目したい。

晩香廬は和洋中に源流をもつさまざまな意匠が折衷されているが、全体と

10 白い安山岩が張り付けられた、堅牢なつくりの青淵文庫外観　11 柏の葉をモチーフにしたステンドグラスとタイル　12 南西側から見た青淵文庫の外観。半円筒形に階段室が張り出している

渋沢の蔵書を収める青淵文庫

次に青淵文庫へ。この建物は渋沢の傘寿と子爵への陞爵（爵位が上がること）を祝って竜門社（現公益財団法人渋沢栄一記念財団）が寄贈した建物で、渋沢が集めた論語などの膨大な蔵書を収める書庫として計画された。青淵は渋沢の雅号。設計は晩香廬と同じ田辺淳吉で、大正14年に完成した。

構造は、れんが壁の内側に耐震用の鉄筋コンクリート壁を増設して躯体としている。これは、当初れんが造りで計画されていたものが、工事中に起こった関東大震災により耐震化を余儀なくされたもの。

外観は、全体に白い安山岩（月出石）を芋目地で張り、正面に5本の列柱を並べていて、晩香廬とは対照的に、きわめて堅固である。前面に露台が取りつけられているが、遠くから見た印象は石のかたまり。しかし細部を見ると、中央の開口まわりの石には唐草文様が刻まれ、列柱には葉を図案化したタイルが貼られている。また、柱間の欄間にはステンドグラスがはまる。タイルに描かれた葉は渋沢家の家紋にちなんだ柏の葉。ステンドグラスには、同じして小気味よくまとまっており、凝った仕上げとあいまって、まるでそれ自体が工芸品のようである。

13 昇降口床のモザイクタイル　14 閲覧室や階段室につながる予備室　15 応接室にも使われた、華やかな閲覧室。石膏飾りで縁取った天井からは、唐草の透かし模様のシャンデリアが吊るされている

く柏の葉に加えて、雲や唐草、竜、さらには「壽」の文字がデザインされ、組み合わせられている。露台は、床面が那智黒石の埋め込み仕上げで、同じく「壽」の文字をモチーフとした鋳鉄製の手すりが周囲にめぐっている。

モザイクタイルの床の昇降口から入ると予備室で、ここから左手の閲覧室に入る。ここは応接室にも使われたといい、寄木の床に、唐草やこうもり、「壽」の文字などをモチーフとした華麗な絨毯が敷かれている。先ほど外観で見たタイル貼りの柱間に、欄間をステンドグラスとした開口が内部に差す。また、開口部まわりや、腰羽目板の見切りに植物文様のレリーフがあわされるなど、外観からは想像もつかない、きわめて濃密な装飾が施された場所である。

階段室も見所の一つ。吹き抜けの円筒の空間に廻り階段がめぐる。縦長の窓から光が入り、クリーム色の壁を照らす。2階は書庫、鋼製の書架が並ぶ。

晩香廬と青淵文庫は、同じ設計者が手がけたにも関わらず両者の印象は随分異なる。建物の優雅さは晩香廬が勝っている。まさに大正建築の精華といってよい。一方の青淵文庫には、晩香廬にはない禁欲的な緊張感が見られる。ともに佳品というにふさわしい建物である。

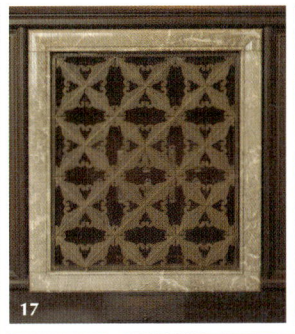

16 渋沢家の家紋にちなんだ柏の葉が描かれたタイル　17 電熱器の装飾スクリーンは植物模様のように見える　18 渋沢の蔵書を保管するためにつくられた書庫。しかし実際には、収蔵するはずだった書籍の大部分は関東大震災により焼失してしまった　19 2階の書庫に続く廻り階段。アール・デコをほうふつさせるモダンな空間がたちあがる

data

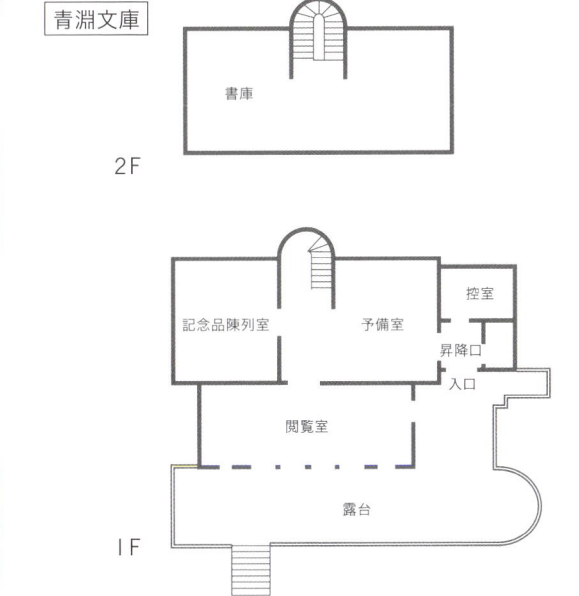

青淵文庫　2F: 書庫

青淵文庫　1F: 記念品陳列室、予備室、控室、昇降口、入口、閲覧室、露台

晩香廬: 談話室、控室、入口

竣工年 晩香廬1917(T6)/青淵文庫1925(T14)　**設計者** 田辺淳吉　**所在地** 北区西ヶ原2-16-1 渋沢史料館　**見学情報** [開館]10:00～17:00 ※詳細はHPをご確認ください　[休館]月曜日(祝日・振替休日は開館)、祝日の代休、年末年始(12/28～1/4)、臨時休館日　**入館料** 一般300円(各種割引あり)　**文化財指定など** 国指定重要文化財　**アクセス** JR「王子駅」より徒歩5分、東京メトロ南北線「西ヶ原駅」より徒歩7分、都電荒川線「飛鳥山停留所」より徒歩4分

真ん中に突き出した小さな煙突がアクセント

シンプルでモダンな白い家

虹のようなアーチがワンポイント

アール・デコ風のアーチをもつ玄関（ライシャワー館）

寝室にあるランプ（ライシャワー館）

14

SINCE 1927
SINCE 1924
SINCE 1925

東京・杉並区

キャンパス内にあるモダンなつくりの三つの住居

ライシャワー館
外国人教師館
安井記念館
（東京女子大学構内）

1 ライシャワー館の背面外観。すっきりとした姿である　2 扉を開き、居間から隣室の食堂を眺める　3 居間にある暖炉　4 手すりに長方形の板を連続させる幾何学的なデザインが施された階段（以上、ライシャワー館）

レーモンドが設計したキャンパス

杉並区にある善福寺公園と背あわせの位置に、東京女子大学の緑あふれるキャンパスが広がる。正門に立つと、端正で品のよい本館が正面に見え、その両側に教室棟、正門脇に講堂・礼拝堂が、芝生の中庭を取り囲むように建っている。正門から本館に向かって歩いてゆくと、中庭を取りまく空間は清々しく、格調高い。

これらの建物は同一の建築家によって設計されたものである。建築家の名はチェコ生まれのアントニン・レーモンド（1888―1976）。日本にもファンの多いアメリカ人建築家フランク・ロイド・ライトの来日に同行し、やがて独立して日本で設計活動を進めた。日本にモダニズム建築をもたらした、近代建築史上、大変重要な人である。

本館の脇を通り抜けて背後に進むと、緑豊かな空間が広がり、三つの住居や、かつてあった学生寮など、生活のための建物群の並ぶエリアにたどり着く。これらもレーモンドの設計になり、彼がキャンパス配置から、建物の設計までもすべてを手がけた。

東京女子大学は大正7年の創立。創立の経緯は以下の通りである。1910年にエディンバラで開催された万国基督教宣教師大会で、アジアにキリスト教系の大学を設置することが提案される。その後、日本に女子大学を設置するに際し、明治38年にアメリカ長老派教会から派遣され、当時は明治学院内の宣教師館に住んでいたライシャワーが常務理事を務めることとなった。学長にはキリスト教徒、外交官として著名な新渡戸稲造が就任した。

レーモンドが東京女子大学の仕事を得たのはライシャワーの推薦によるという。当時ライトのもとから独立したばかりの時期で、レーモンドは鉄筋コンクリート造りという最先端の構造の採用を進言し、承認された。その効果はすぐにあらわれ、大正12年の関東大震災でも建設途中の建物は軽微な被害で済んだ。

三つの館、それぞれの表情

外国人教師館は大正13年、安井記念館は大正14年、ライシャワー館は昭和2年にそれぞれ竣工した。3棟とも鉄筋コンクリート造り2階建てで、桟瓦葺きの勾配屋根をもつ。

外観上の特徴は、レーモンドの師であるライトの作風があらわれていることで、とくに外国人教師館はライト色が強い。全体の高さを低く抑え、軒や庇の水平線を強調する。正面のポーチ支柱上のコンクリート製の円型水盤もライトが好んで用いたモチーフ。この

5 外国人教師館の正面外観。両脇の円型水盤や、袖壁や支柱に見られるキューブの組み合わせはライトの作風をほうふつさせる　6 側背面に施された三角形で構成された幾何学模様の浮き彫り　7 結晶形や鋭角的な幾何学のボリュームを大胆に組み合わせて立体感を出す、チェコ・キュビズム風の暖炉　8 屋根裏へ上がる階段。階段が途中で途切れており、そこまではしごをかけるようにして上るのが面白い（以上、外国人教師館）

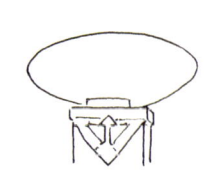

円型水盤

ほかにも、支柱や袖壁に施されたキューブの組み合わせや、側背面に取りつけられた三角形の幾何学模様の浮き彫りなどにライトの影響が見られる。一方、ライシャワー館は、全体はライト風だが、正面玄関のアーチなどにはアール・デコの雰囲気が感じられる。安井記念館は、ライト色が影を潜め、独自の幾何学的な形態操作が見てとれる。

平面計画は3棟共通している。西面に玄関をとり、玄関入って左に階段、中央は奥まで廊下が続き、南に居間や食堂といったメインの部屋、北にキッチンや使用人室といったサービス関係の部屋を配置している。2階は寝室群である。また、全室土足履きで和室を設けず、使用人用の裏階段を設けて主人と使用人の動線を分けるなど、外国人住宅特有の仕様となっている。とくにライシャワー館では、食堂の食器棚の中央に配膳口を開け、台所に続く配膳室から直接料理を出し入れした設えがそのまま残る。

内装も各棟共通で、漆喰壁に太い長押をまわし、開口部や扉の枠が濃茶系の色で塗られている。見所は、各館の暖炉である。安井記念館の暖炉は、放

物線アーチの表現派風。教師館の暖炉は強烈で、レーモンドの故郷で流行したチェコ・キュビズムを取り入れたデザインである。これは、故郷の先進デザインをヒントに、師ライトの作風から逃れようとしたレーモンドの作意のあらわれと思われる。一方、ライシャワー館の暖炉はタイル貼りに木帯をまわす、あっさりとしたもの。

東京女子大学に残る3棟の住居は、校舎などの主要建物との緊密な関係のもとにキャンパスに配されており、全体をデザインしたレーモンドによる、統一感ある空間を今日に伝えている。住居のほか、ライト風の本館や、フランスランシーの教会に範をとったことで名高い講堂・礼拝堂もあわせて注目したい。

9 立方体のボリュームから開口部まわりの直方体のボリュームをくり抜いた安井記念館の外観 10 山のような放物線アーチを描く安井記念館の暖炉 11 水平線を強調し、左右対称の厳格な表現をもつ、ライト風の本館 12 美しく輝く礼拝堂の内部。フランスの建築家、オーギュスト・ペレーのランシーの教会にならってつくられた

data

竣工年 ライシャワー館1927(S2)／外国人教師館1924(T13)／安井記念館1925(T14) **設計者** アントニン・レーモンド **所在地** 杉並区善福寺2-6-1東京女子大学構内 **見学情報** 外観のみ公開していた見学会は休止中。詳細は(03-5382-6340) **文化財指定など** 国登録有形文化財 **アクセス** JR・東京メトロ東西線「西荻窪駅」より徒歩12分、JR・京王井の頭線「吉祥寺駅」よりバスで「東京女子大前」下車、西武新宿線「上石神井」よりバスで「地蔵坂上」下車徒歩5分

小さな三角形を
連ねたデザインが
かわいい

建物の両端から
飛び出す煙突。
3本あるよ

面によって
表情が変わる。
ぐるりと
一周してみよう

屋根の水色、壁面のえんじのライン、そして赤れんが風のタイルの調和が美しい外観

15
SINCE AROUND 1926
東京・三鷹市

昭和の文豪が愛した
レトロなお屋敷

山本有三記念館
（旧山本有三邸）

玄関ホールにある暖炉

1 複雑な屋根の形と煙突下部が目を引く正面外観　2 玄関上部に飾られている鳥のレリーフ　3 玄関側の隅の張り出した部分　4 窓には半円形のアーチ窓や尖頭形のアーチ窓、上部を台形にすぼめた窓などがある　5 トイレの窓台や庇には大谷石が用いられている

山本の建築への造詣

三鷹駅から玉川上水沿いを東に10分ほど歩いた住宅地の一角に、山本有三記念館がある。ここは、その名の通り、作家山本有三が遺した書籍やゆかりの品々を保管する記念館で、昭和11年から10年間、山本有三が家族と暮らした住宅が保存、活用されている。

山本有三（1887—1974）は、栃木県栃木町（現栃木市）の出身で、母親が大の芝居好きであったことから、幼いころから芝居に親しんで育った。第一高等学校在学中から戯曲を書き始め、大正時代後半には劇作家としての名声を得てプロの作家になった。大正15年、39歳のときに都心の借家から武蔵野村（現武蔵野市）吉祥寺に建てた新居に移り住み、創作も戯曲から小説に幅を広げて、著作に専念するようになった。

吉祥寺の家を建てるにあたり、山本は建築について熱心に研究を重ね、理想的な執筆環境をもつ住宅を追求したという。終の住処となった湯河原の家の増築を大工に指示した自筆のスケッチが記念館に保管されているが、細部まで丁寧に描かれており、山本の建築に対する造詣の深さを垣間見ることができる。

山本が三鷹の家（現山本有三記念館）に移り住んだのは昭和11年、49歳のときである。家族が増えて家が手狭になったこと、また吉祥寺駅周辺の市街地化が進んできたこともあり、よりよい住環境と執筆環境を探していた山本は、昭和10年の夏、売りに出ていた三鷹の家を訪れた。そしてこの瀟洒な洋館を一目で気に入り、約1200坪の土地とあわせてこの家を購入した。

異国情緒あふれるモダンな造り

建物の構造は1階の一部が鉄筋コンクリート造り、2階より上を木造とした混構造で、屋根裏付きの2階建て、地下にはボイラー室がある。

外観を特徴づけるのは、複雑な形の屋根と、背面と両側面の3ヶ所にそびえる煙突である。急勾配の切妻屋根と不規則に折れ曲がった屋根の組み合わせが、異国情緒あふれた奥行のある輪郭をつくり出す一方、バランスよく配置されたまっすぐ伸びる煙突が、建物の外観を一つにまとめるアクセントとなっている。

細部では、大谷石を不規則に積み上げたような形の煙突下部のデザインがまず目を引く。大谷石はほかにも、土台まわりや、庭に面したテラスの階段

6 玄関扉を開けると奥にもう一つ内部へ続く扉がある　7 梁形を装飾的にあらわにした階段室　8 落ち着いた雰囲気の応接室。美しい庭園を眺めつつ談笑を楽しめる　9 童話に出てくるような愛らしい応接室の暖炉　10 広々とした食堂。改装の際に応接室との仕切りが取り払われた

にも効果的に用いられている。装飾的な使用は、帝国ホテル（大正12年竣工）の設計で有名なアメリカ人建築家フランク・ロイド・ライトの影響を受けたものと見られ、建物に大正らしいモダンな雰囲気を添えている。

なかに入ると、主な部屋は手作り感のある金具や太い木材を用いたイギリスの民家風の仕上げだが、1階のテラス横の日当りのよい部屋（長女居室）はロマネスク様式の教会風である。また、3ヶ所に設けられた暖炉は童話に出てきそうな空想的なデザインになっている。

2階の中央にある和室は、山本が書斎に改装したもので、もともとは洋室だった。上質な茶室に通じる数寄屋風の和室は山本の趣味らしく、もしかすると、山本が自ら図面を描いたのかもしれない。

さまざまなモチーフを上手に組み合わせて、全体的にはヨーロッパの落ち着いた邸宅を思わせる堅実な雰囲気にまとめ上げたデザインは、この家を手がけた建築家の力量を充分に示すもので、山本を納得させたことにも自然とうなずける。

屋敷の主の移り変わり

こういう器用な住宅を設計できるのは、建築学を学び、それなりの実力を

もつ日本人建築家に違いないが、誰の作品なのか、今のところわかっていない。実は正確な建築年代も不明のまま、大正15年12月に「清田龍之助」名義で建物が登記されていることから、このころの完成とされている。

登記簿から建て主とされる清田も長らく謎の人物だったが、長岡造形大学平山育男教授の研究により、経歴が判明した。清田龍之助（1880—1943）は、8年間のアメリカ留学で身につけた語学力を活かし、日本電報通信社（現電通）外信部長、東京高等商業学校（現一橋大学）教授、貿易商、翻訳家など多才な活躍をした人物である。

清田が三鷹の土地を得たのは大正7年、高等商業学校教授のときだが、建物を登記したころには貿易商となっていた。おそらく、アメリカの都市近郊の邸宅にならって、外国通の実業家にふさわしい住まいを構えようとしたのだろう。清田はしばらくこの家で暮らしたが、事業の失敗もあってか、自宅は昭和6年6月に競売にかけられ、抵当流れとなっていたところを山本の目にとまることとなった。

戦後は国立国語研究所や都立教育研究所の分室、有三青少年文庫と、さまざまな使われ方をしながらも、住宅としての魅力は失われずに、今日まで大切に受け継がれている。

11 シンプルな造りの洋室書斎。八角形の小窓がかわいらしい　12 アーチ窓から差すやわらかな光が充満する長女居室　13 自然木や竹を巧みに用いた風流な装いの数寄屋風の和室書斎

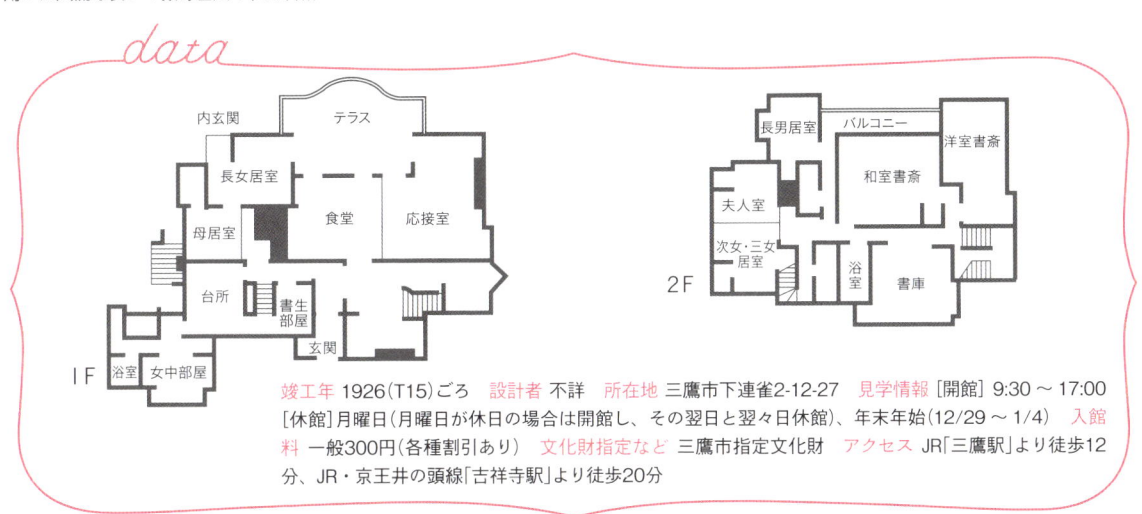

data

竣工年 1926(T15)ごろ　**設計者** 不詳　**所在地** 三鷹市下連雀2-12-27　**見学情報** [開館] 9:30～17:00 [休館] 月曜日（月曜日が休日の場合は開館し、その翌日と翌々日休館）、年末年始（12/29～1/4）　**入館料** 一般300円（各種割引あり）　**文化財指定など** 三鷹市指定文化財　**アクセス** JR「三鷹駅」より徒歩12分、JR・京王井の頭線「吉祥寺駅」より徒歩20分

この部分は
回転窓に
なっている

パーゴラにつけられた
格子にも
ひと工夫されている

目地が見える
下見板の張り方を
ドイツ下見板張りという

団らんの場となった居間側からの外観

16
SINCE 1925
東京・小金井市

家族団らんを重んじる、
大正期の
ニュータイプの家

田園調布の家
(大川邸)
（江戸東京たてもの園内）

キツツキの玄関灯

1 側面に張り出したパーゴラは開放的な場所　2 玄関扉や窓枠などの白いペンキ塗装と壁のクリーム色の対比が明るい印象を与える　3 玄関ホールには造り付けのベンチが置かれ、ここで靴の脱ぎ履きを行う

サラリーマンの夢のわが家

旧大川邸は大正14年に大田区田園調布に建てられた洋館である。田園調布といえば、言わずと知れた高級住宅地だが、そのルーツは実業家、渋沢栄一によって設立された「田園都市株式会社」が開発した郊外住宅地にさかのぼる。

田園調布は、渋沢が、イギリス人ハワードの田園都市思想の理念の実現を目指したもので、その理念とは、産業革命以降、スモッグに代表される公害によって環境が悪化していく都市に代わり、緑豊かな田園のなかに、住まいや工場など生産施設も備わった新しい都市をつくろうというものだった。この田園調布では、その精神にのっとり、都市生活の利便と田園都市の健康が共存する理想都市の追求がされた。

大正年間に入ると、サラリーマンという、当時新しく誕生した職種にあわせて、都心の郊外に住宅地が分譲されるようになった。大川邸は、そんな田園調布の土地分譲の初期に建てられた住宅である。当時洋風住宅をもつのは一部の上層階級に限られており、中級サラリーマンが洋風住宅を建てられるようになったことは、近代の住宅の歴史から見ても大きな変化だった。

当主の大川栄は当時35歳。明治24

4 居間は、パーゴラに面した隅にソファを張り出し、ここから2面いっぱいに開口を広げる。内法は引き違いの窓で、上部は回転窓となっており、カーテンを引けばほぼ全面に光が差し込む　5 書斎の様子。部屋同士が雁行型に配置され、また各室とも開口の大きな2面採光のため、室内は大変明るい　6 寝室は柱や窓枠に茶褐色のワニスを塗って木部を強調する落ち着いたデザイン

団らんと生活を意識した造り

人川邸は、木造の平家建て、桟瓦葺(さんがわらぶ)き。背面には寝室が張り出し、側面奥にはパーゴラがある。当時は関東大震災直後で建築部材の入手が困難であり、三井の発案でアメリカから材料の輸入が試みられたという。

外観は、クリーム色のドイツ下見板に、白色の窓枠や桟といったようにペンキを塗り分けた明るい意匠である。内部に入るとホールを経て居間に至り、左は食堂、台所と続く。居間の前後には書斎と寝室がある。トイレや浴

年、秋田県に生まれ、岩倉鉄道学校高等建築科などを経て、鉄道省に土木技師として勤めた。当敷地は、当時懇意にしていた渋沢栄一の子息のすすめで購入したという。

設計者は三井道男。一般にはあまり知られていないが、著名な建築家の岡田信一郎の事務所で経験を積んだ人物である。早稲田大学建築学科を卒業後、役所勤務などを経て岡田の事務所の所員となり、歌舞伎座や明治生命館、ニコライ堂復興事業などで実施設計を担当した。三井の父親はニコライ堂の司祭をしており、信者だった大川とは顔見知りの仲だった。

室の窓枠や、照明がほぼ笑ましい。玄関のキッツキをかたどった玄関灯

7 食堂の花柄の壁紙は、多様な模様と色調を組み合わせた全室の壁紙の中でもとりわけ華麗　**8** 台所の様子。食堂とのあいだにはハッチがあり、居間から食堂、そして台所という三つの部屋が流れるようにつながる
9 女中部屋として使われた畳敷きの一室

data

竣工年 1925(T14)　**設計者** 三井道男　**所在地** 小金井市桜町3-7-1 江戸東京たてもの園（都立小金井公園内）　**見学情報** [開園] 4月～9月 9:30～17:30、10月～3月 9:30～16:30（入園は閉園の30分前まで）[休園] 毎週月曜日（月曜日が祝日または振替休日の場合は、その翌日）、年末年始　**入園料** 一般400円（各種割引あり）　**アクセス** JR「武蔵小金井駅」よりバス5分、西武新宿線「花小金井駅」よりバス5分

食堂の床のパターン

室などの水まわりは玄関脇に設けられた。

このように、家族が共に使う居間のまわりに各室を配するのが、この建物の平面上の特徴である。こうした居間を中心とした平面は大正後期に成立し、昭和にかけて広まったもので、廊下によって接客空間と居住空間を分ける従来の封建的な中廊下型の住宅から、家族の団らんを中心とした新たな住宅への改善の思想を体現したものである。

内装で注目したいのは、まず、寄木張りの床のパターンが各室で違っていること。また、壁は幅木に壁紙を張り、各室で色調、模様を変える。一方、天井は各室とも四周に蛇腹をまわし、漆喰塗りとしている。

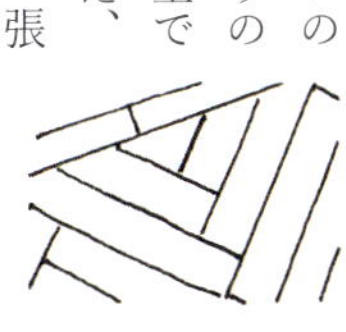

大川邸は、これまで見てきた貴族や実業家の大邸宅のように、接客に重きをおいた豪華な部屋が続く住宅ではない。むしろ、家族団らんの場所である居間に大きな力がそそがれ、多くの時間がここで過ごされたであろう雰囲気がいきいきと伝わってくる。

現在の私たちから見ても実に魅力的なつくりである。大川邸は、サラリーマンの理想を実現した、家族重視の名住宅といえるだろう。

瓦が生み出す
波のような
美しい模様

三角形と
水平線からなる
屋根

直線と円形を
組み合わせた
玄関ポーチ

ピラミッドのような屋根をもつ外観

応接室の隅にあるストーブ

日本の伝統建築と
デ・スティルが融合した
堀口捨己のデビュー作

小出邸
（江戸東京たてもの園内）

17
SINCE 1925
東京・小金井市

1 玄関門側から見た外観。急勾配の方形屋根に水平の軒が特徴的である　2 窓枠と障子の桟がつくり出す、水平・垂直ラインが目を引く庭園側の外観　3 直線と円形の開口で構成された玄関ポーチ。柱には手斧による荒々しいはつりがある

新進気鋭の建築家、堀口捨己

小出邸が建てられた文京区西片町は、本郷にある東京大学のすぐそばに位置し、明治のころから有数の住宅地であった。もともとは、町全体が旧福山藩の中屋敷だったところに、明治以降、旧福山藩主の阿部家が住宅地開発に取り組み、下水道整備から公園整備、ついには小学校まで開設した。環境がよく、東京帝国大学にも近いことから多くの帝大教授が住む、文化の薫り高いエリアであった。

建て主である小出収（1865—1945）は、石見国（現在の島根県）の浜田藩士小出昇の長男として生まれた。県立師範学校、慶応義塾と進み首席で卒業。山陽新報記者、信濃毎日新聞主筆などジャーナリストとして活躍したのち、実業界に転じる。三井銀行、富岡製糸所所長、名古屋製糸所所長、王子製紙支配人と、当時の三井財閥のあらゆる業種の経営に携わり、その後も千代田生命大阪支部長、東京信託支配人など、とにかくさまざまな会社の経営に関わった。

そんな小出がなぜ当時新進気鋭、というか一つも実作がなく、もっぱら展覧会などで前衛的な建築意匠や思想を世に問うていた堀口捨己（1895—1984）に自宅の設計を頼んだのか。

それは、小出の妻の弟で美術史家の丸尾彰三郎で、堀口と友人だったからという。とはいえ、当時の堀口は、既存の建築デザインを槍玉に挙げる青年建築家グループの筆頭格だったから、彼に第一作目の作品として自宅の設計を任せるのは、相当の勇気というか何というか。若い芸術家を育てようとするパトロンの意識がはたらいたのだろうか。

堀口は、東京帝国大学建築学科出身。大正9年の卒業直前から同窓の山田守らと、過去の歴史的な様式や装飾からの分離を宣言し、分離派建築会を結成した。当時ヨーロッパでは、過去の歴史様式を否定するモダニズム運動がおこりつつあり、分離派はその日本版を目指した。堀口も、ヨーロッパに留学した際に当時の最新のモダニズムに傾倒し、帰国後はそれらの新しいデザインに日本の伝統的な意匠を融合させたような作品を生み出した。しかし戦後は、むしろ伝統的な和風建築の大家として活躍し、日本建築学会賞、芸術院賞、紫綬褒章などを受賞した。代表作に明治大学の校舎群、八勝館御幸の間、サンパウロ日本館などがある。

デ・スティルと和の意匠の融合

小出邸は大正14年の建築で木造2階建て、桟瓦葺き。外観の特徴は何といっ

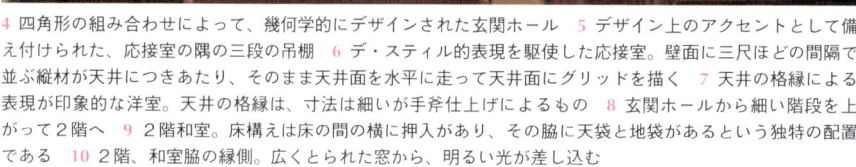

4 四角形の組み合わせによって、幾何学的にデザインされた玄関ホール　5 デザイン上のアクセントとして備え付けられた、応接室の隅の三段の吊棚　6 デ・スティル的表現を駆使した応接室。壁面に三尺ほどの間隔で並ぶ縦材が天井につきあたり、そのまま天井面を水平に走って天井面にグリッドを描く　7 天井の格縁による表現が印象的な洋室。天井の格縁は、寸法は細いが手斧仕上げによるもの　8 玄関ホールから細い階段を上がって2階へ　9 2階和室。床構えは床の間の横に押入があり、その脇に天袋と地袋があるという独特の配置である　10 2階、和室脇の縁側。広くとられた窓から、明るい光が差し込む

モンドリアンの
抽象画

　張りになっている。このような、直線で構成された抽象的な表現は、デ・スティルの抽象画のようである。

　また、この部屋には、堀口の手による深紅の家具も復元されており、銀の壁紙に紅が写り込んで、妖艶な雰囲気を漂わせている。まさに前のめりに新しさを追求した空間だといえる。

　こうした前衛的な意匠の部屋がある一方、玄関を右手に入った部屋は漆喰の壁に、床、腰を板張り、天井を格天井とした一般的な洋室である。

　1階の寝室は和室で、押入の扉位置を左右、上下自由に分割してモンドリアン風に見せるところが面白い。

　2階は書院造りの和室だが、床の間まわりの構成が独特だ。正面左に床の間を置き、その右は伝統形式だと棚を設けるが、ここでは押入になっていて、その押入に続いて棚ならぬ天袋、地袋のあいだに何もない場所がくる。とこ
ろが右の押入には造り付けの棚があり、三段を自由な高さに配してデザインに凝らす。まさか地袋、天袋のあいだにあるべき棚を隣の押入に隠したわけではないだろうが、型通りとはしないという意気込みが感じられる。

　小出邸は、比較的小さな建物ではあるが、建物全体に若き前衛デザイナーの意欲がほとばしる逸品である。

　　ても、ピラミッドを思わせる大きな方形の屋根と、それに切り込むようにさきるシャープな軒の水平線である。

　内外に見られる水平線と垂直線、突然現れるカラフルな色彩は、オランダのモダニズム運動であるデ・スティルの影響が強い。堀口は留学時にデ・スティルの中心人物であるJ・アウトに会い、直接的な指導も受けたという。このような造形は直線と円形の開口で構成された玄関のデザインにもよくあらわれている。

　このように玄関のデザインはモダニズムの影響を受けた幾何学的なものだが、近づいて細部をよく見てみると、柱には手斧によるる荒々しい仕上がりがあり、モダニズム建築のすっきりとした様子とは異なっていることに気が付く。玄関ホールもまた、木部の要所は手斧はつりで仕上げられており、新しい空間づくりのなかにも伝統的な技法が見受けられる。

　一番の見所は玄関左手にある応接室。四方の壁に取りつけられた縦材が伸びるように天井で交差し、部屋全体が抽象的な立体空間として表現されている。吊棚のある一隅の壁面と天井面は銀紙の揉み張り、そのほかは無地の紙

data

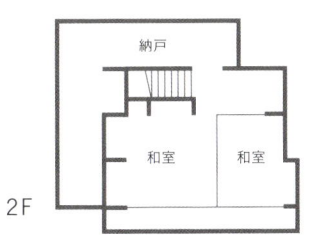

竣工年 1925(T14)　**設計者** 堀口捨己　**所在地** 小金井市桜町3-7-1 江戸東京たてもの園(都立小金井公園内)　**見学情報** [開園] 4月～9月 9:30～17:30、10月～3月 9:30～16:30(入園は閉園の30分前まで) [休園]毎週月曜日(月曜日が祝日または振替休日の場合は、その翌日)、年末年始　**入園料** 一般400円(各種割引あり)　**アクセス** JR「武蔵小金井駅」よりバス5分、西武新宿線「花小金井駅」よりバス5分

居間の壁いっぱいに
広がる大きな窓ガラス

どっしり構えた
中央の柱は
存在感を放っている

雨戸が収められている
回転式の戸袋

ほぼ左右対称の南側の外観

吹き抜けの居間の提灯

前川國男邸（江戸東京たてもの園内）

戦時統制下につくられた木造モダニズム建築の傑作

18
SINCE 1942
東京・小金井市

1 木造の主屋と石積みの玄関手前の塀の取りあわせが面白い　2 切妻の大屋根は桟瓦葺きで、伝統的な日本家屋の面持ち　3 水平・垂直の線による簡明な構成をもつ背面外観。くっきりと浮かぶ庇の緑色のラインが全体のアクセントになっている

戦時中の統制下に建った傑作

昭和戦前から戦後にかけて、日本の近現代建築の発展に大きく貢献した建築家、前川國男の自邸である。

前川國男（1905－1986）は明治38年東京生まれ。昭和3年に東京帝国大学建築学科を卒業後、すぐさま渡仏し、すでにモダニズムを牽引する世界的リーダーであったル・コルビュジエのもとで建築を学んだ。帰国後は、チェコ出身のアントニン・レーモンドが東京に開いた設計事務所に勤め、昭和10年には自身の設計事務所を開いた。以後、昭和61年に亡くなるまで、日本の現代建築界の第一線で活躍し、美術館、音楽ホール、庁舎建築など公共建築を中心に数多くの作品を残した。代表作に神奈川県立図書館・音楽堂、東京文化会館、紀伊國屋書店新宿本店、東京海上ビルディングなどがある。

この前川自邸は、前川の設計事務所による初期の作品であり、昭和17年に竣工した。戦時中の統制状況のなかにあって生まれた木造モダニズムの傑作である。もともとは品川区上大崎にあり、当初は独身であった前川の住宅として使用され、昭和20年に空襲で前川の事務所焼失後は、ここが事務所となり、また終戦直後に前川が結婚してからは夫妻の住処ともなった。昭和29年に事務所が移転するまで、この比較的手狭な場所が、アトリエ兼新婚カップルの住宅として使用されたのである。

その後、昭和48年に解体され、軽井沢の別荘に保存されていた部材をもとに、平成8年、江戸東京たてもの園に移築、公開された。

吹き抜けを利用した開放的な空間

外観の特徴として民家風の大きな切妻屋根が目に入る。民家風とはいったが、すべての部材は直線で構成され、幾何学的な姿をしている。中央には象徴的な円柱が立ち、小屋の大梁を支える。棟を直接支えるわけではないが、伊勢神宮に代表される伝統的な棟持柱(むなもちばしら)を思いおこさせる。外壁は縦板張りと伝統的な仕様をもつが、幾何学的な格子窓や明り障子などの要素は、きわめて大胆に配置され、従来の日本の民家とは異なる趣である。

建物背面の脇に設けられた玄関からなかへ入ると、左手に居間がある。建物の平面計画もきわめてシンプルで、中央の居間をはさんで玄関側に書斎と女中部屋、反対側に寝室と台所、浴室という明快な間取りである。

一番の見所は、内部の中央吹き抜けの居間である。ガラス格子戸の窓から外光が室内に充満し、明り障子には木々のシルエットが浮かぶ。吹き抜け

4 吹き抜けの居間には、グリッドを描くガラスの格子窓と明り障子からやわらかな光が差し込む　5 居間とロフト状の2階をつなぐ階段は吹き抜けの空間にダイナミックな動きを与える　6 居間の上部にある2階のロフト状のスペース

の居間の上部はロフト状の2階で、この居間とロフトをつなぐ階段も空間上のアクセントとなっている。当時の木造建物建築統制規則の延べ床面積100㎡を逆手にとったかのような豊かな空間をつくりだしている。

居間の空間を詳しく見てみると、まず大きな直方体のスペースであることがわかる。両側は、天井まで見切りなしの一面の白い壁で、妻面はそのまま幾何学的なグリッドに沿った開口から光がそそがれる。このように、モダニズムの幾何学の造形を活かしながらも、吹き抜けを中心に、階段とロフト状の張り出しなどによって、変化に富んだ空間が表現される。

こうした吹き抜けを特徴とした空間構成は、前川が手がけた旧紀伊國屋書店や、京都会館などにも共通する心地よい空間であり、前川建築の真骨頂でもある。それを最もシンプルかつ大胆にあらわしたのが、この前川邸にほかならない。

また、白を基調とした台所や黒とアイボリーの小口タイルを貼った浴室は、まるで現代芸術のインスタレーションのようなモダンな場所となっている。いかにも衛生的で、近代的な生活空間である。

ディテールに目を向けても、たとえば居間の外部に面した建具は、外から

94

7 客用の寝室として計画されたが、書斎にも使われた部屋　8 結婚後、夫妻が使用した寝室。南面に大きな開口をとる　9 機能的につくられた台所。奥のハッチは居間の食卓へとつながる　10 黒とアイボリーのタイル貼りのモダンな浴室

data

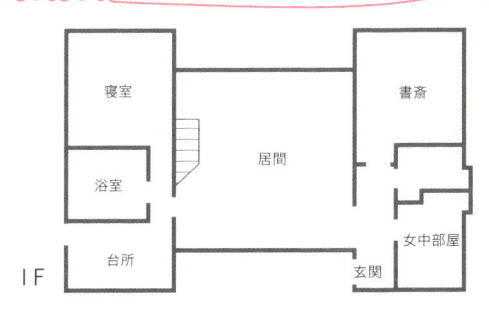

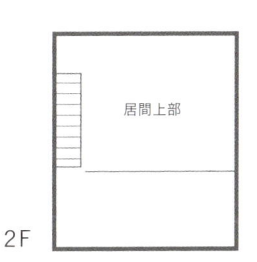

竣工年 1942(S17)　**設計者** 前川國男　**所在地** 小金井市桜町3-7-1 江戸東京たてもの園(都立小金井公園内)　**見学情報** [開園]4月～9月 9:30～17:30、10月～3月 9:30～16:30(入園は閉園の30分前まで) [休園]毎週月曜日(月曜日が祝日または振替休日の場合は、その翌日)、年末年始　**入園料** 一般400円(各種割引あり)　**アクセス** JR「武蔵小金井駅」よりバス5分、西武新宿線「花小金井駅」よりバス5分

90度回転する戸袋

雨戸、ガラス戸、明り障子の順で、雨戸は戸袋に収めて戸袋ごと動かすことができる。そのため、正面からは戸袋が見えず、左右対称の簡明な意匠を損なうことがなく、開口も広くとれる。

また、寝室や書斎などに見られるように、あえて窓枠に戸当りをつけてボックス状に窓を納めることで、日本の伝統建築にありがちな線の煩雑さを避けるなど、一見、伝統的な木造建築ながら、幾何学的かつ、抽象度を高めるさまざまな工夫が見られる。

戦前、モダニストは材料統制などの関係で、当時最先端の技術であった鉄筋コンクリート造りの建物を手がける機会がほとんどなかった。そのため、木材を使いながら、幾何学的で、動感にあふれた空間を木造で実現することになった。わが国特有の木造モダニズムである。そして、この時期の木造モダニズムによる実験的な空間操作が、やがて戦後の復興期から始まるモダニズム建築の開花につながっていく。

前川自邸は、その時代の建築家の思いのたけを見事に昇華させた、奇跡のような建物である。当時の木造モダニズム建築がほとんど失われた今、その存在価値は非常に高い。

横浜エリア
yokohama

　横浜山手は、洋館をはじめ、教会や外国人墓地などが集まる異国情緒あふれる地区である。地区内には、山手イタリア山庭園、山手公園、元町公園、そして港の見える丘公園があり、それぞれの園内ではかつての外国人住宅が公開されるなど、往時の面影をよく残している。

　山手が異国の香り漂う街となったのには、歴史的な背景がある。横浜開港後、最初に山手の地に進出したのは外国の軍隊だった。その後、一般の居留外国人に開放されるのは、慶応3年のこと。この年、丘の上の2本の尾根道（現在の山手本通りと谷戸坂通り）に沿って、200区画の土地の競売（実際には幕府からの貸与）が行われ、住宅地としての山手の歴史が幕を開けた。外国商館が建ち並ぶオフィス街としての山下居留地とは対照的に、教会や学校、劇場など、外国人のコミュニティを支えるさまざまな施設が整備されていった。

　しかし、大正12年の関東大震災によって、山手の街並みは壊滅的な被害を受ける。一時は多くの外国人が横浜を離れる事態となったが、その後の復興過程において、再び外国人の住む街・山手の景観が形づくられていった。現在、山手に残る多くの洋館はこの震災復興期に建てられたものであり、幕末のコロニアル・スタイルの洋館が残る長崎や明治の華麗な洋館が残る神戸と比べると、横浜山手の場合は、「昭和の洋館」が残る街並みとして特徴づけられるだろう。

　加えて現在の山手には、移築された洋館が多いことも大きな個性となっている。外交官の家、エリスマン邸、山手資料館など、いずれも当時は本通り沿いにはなかった建物であり、以前から残る昭和の洋館にこれらの明治・大正の洋館が加わることで、「洋館のある街・山手」のイメージが重層的に構成されている。

湘南エリア
syonan

　湘南といえば、海水浴にヨットやサーフィンといったマリンレジャー、サザンオールスターズが歌った数々のあか抜けた楽曲を思い浮かべる人も多いだろう。聞けば海と太陽を連想させる明るく爽やかな湘南のイメージは、洋館の生い立ちと関係が深い。

　明治時代、湘南は、まず欧米人に海辺の保養地として注目され、つづいて欧米流の生活スタイルを取り入れた華族や実業家たちの、滋養のための別荘地となった。加賀百万石の元大名、前田家の鎌倉別邸だった鎌倉文学館は、湘南の別荘としては古参のもので、由比ヶ浜を望む日当りのよい高台の立地に海浜保養を目的とした別荘の特徴がよくあらわれている。建物自体は昭和に建て替えられたものでデザインこそ新しいが、海と太陽との関係を大切にしたつくりに変わりはない。明治時代にどんなものが建てられていたか知りたければ、すぐ近くにある鎌倉市長谷子ども会館に足をのばすとよい。小さい建物だが、明治時代らしい密度の濃いデザインで見所が多い。本宅として建てられた旧華頂宮邸は別荘とはやや趣が異なるが、同時期の東京の洋館にひけをとらない本格的なつくりで、別荘地のみならず近代の住宅地としての鎌倉の成熟を物語る。

　そのほかにも、本書では藤沢の近藤邸と田中光顕の別邸だった小田原文学館の2棟を取り上げた。近藤邸はアール・デコの流れをくむライト式、小田原文学館は戦後流行するモダニズムの影響がにじむ。どちらも新しい時代の息吹を感じさせるデザインで、先進先取の気風が垣間見える。

　本書で取り上げた湘南エリアの洋館5棟はそれぞれに個性的な面々だが、どれも今の湘南を築き上げてきた歴史の証人達である。本書を手にとったなら、次に湘南を訪れるときは海から少し離れて、湘南ブランドの源泉を訪ね歩いてみてほしい。

とんがり屋根をのせた
八角形の塔屋

凸凹の多い
左右非対称な外観が
アメリカン・ヴィクトリアン
様式の特徴

よく見ると
風通しをよくするために
細かく隙間が空いている

さまざまな要素をもった賑やかな外観

玄関扉に施された家紋

洗練された趣味が
感じられる大使の自邸

外交官の家
（旧内田定槌邸）

19
SINCE 1910
神奈川・横浜市

1 アメリカン・ヴィクトリアン様式による変化に富んだ外観。凹凸が多く、非対称的な形をしている 2 三角形の屋根が特徴的な玄関ポーチ 3 階段部分の外観に設けられた上げ下げ窓。階段の勾配にあわせて、こちらも段になっているのが面白い

山手に馴染む、外交官終の住処

JR根岸線石川町駅の元町側の出口を出て大丸谷坂を上っていくと、5分ほどで丘の上の山手イタリア山庭園にたどり着く。観光スポットの多いエリアからは少し離れているものの、関内からみなとみらい地区までを望む高台に位置するこの庭園内に、2棟の洋館が公開されている。その一つが「外交官の家」と旧内田定槌邸である。

建て主であった内田定槌（1865—1942）は、明治時代から大正時代にかけて政府の外交官として活躍した人物で、明治22年に外務省に入省すると、ニューヨーク総領事をはじめ、南米のブラジルやアルゼンチン、北欧のスウェーデンやノルウェーなど、世界各地を渡り歩いた。大正12年のトルコ全権大使を最後に、翌13年に退任し、昭和17年にこの自邸で77年の生涯を終えている。

定槌がブラジル駐在公使を務めていた明治43年に建てられたこの自邸は、当初から横浜にあったわけではなく、もとは東京渋谷の南平台に建っていた。関東大震災や東京大空襲の災禍を奇跡的にくぐり抜け、大空襲の翌々日に再び東京を襲った焼夷弾に対しては、家族が近所の人たちと一緒に井戸の水をかけ続けて消火にあたったという。

終戦後もGHQの接収を受けるなど、困難な日々を乗り越えてきた内田邸であったが、世代が交替するなかで建物の維持管理が難しくなってきていた。そんな内田邸の運命を変えたのが、横浜の山手地区への移築である。かつての外交官時代に内田定槌が横浜市長の候補の一人に挙がったという縁が結んだ話であった。

こうして平成6年、横浜市に建物が寄贈されると、創建当時の姿を明らかにするための詳細な解体調査が始まった。そして2年におよぶ移築復元工事を経たのち、平成9年に、内田邸は山手イタリア山庭園のなかの「外交官の家」として生まれ変わった。ちなみにイタリア山という名称は、明治時代の一時期、この場所にイタリア領事館が所在していたことから、横浜市が公園整備の際に名付けたものだ。園内には、イタリアの庭園を思わせる幾何学的にアレンジされた花壇が設けられ、この花壇を見おろす位置に「外交官の家」は建てられている。

この内田邸を設計したのは、アメリカ人建築家のジェームズ・マクドナルド・ガーディナー。ガーディナーは立教大学で教えるかたわら、明治36年に設計事務所を開設して、建築家としての活動を広げていくが、このころ

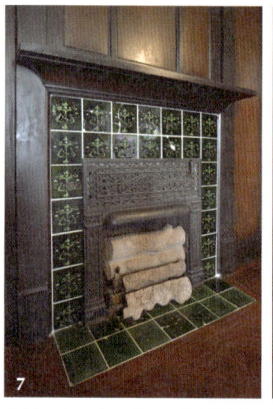

4 アール・ヌーヴォーのデザインに彩られた重厚な食堂。来賓を招いての晩餐会もしばしば行われたという　5 美しいステンドグラスをもつ玄関ホール　6 食堂暖炉脇にある植物模様のステンドグラス　7 食堂の暖炉型ストーブ。アール・ヌーヴォー風の草花紋のレリーフタイルで飾られている

アメリカン・ヴィクトリアン様式の館

ら個人住宅の仕事も増えていったと思われる。いくつもの協会やクラブに所属していたガーディナーは、社交界を通じて、内田定槌をはじめとする建て主たちと出会ったのだろう。

まずは庭園側から内田邸を眺めてみよう。建物は木造2階建てで、外壁は下見板張り。解体調査の結果を踏まえ、屋根は天然スレート葺きで復元されている。八角形の塔屋が大きなアクセントになっているが、それ以外にも屋根窓や1階サンルーム、2階ベランダなどさまざまな要素が加えられ、賑やかな外観となっている。また、細かいところでは、三角形の妻壁部分や塔屋1階窓の上部を、下見板ではなくシングルスタイルで仕上げて変化をもたせていることにも注目してほしい。

こうした変化に富んだ外観をもつ住宅様式は、アメリカン・ヴィクトリアンと呼ばれる。19世紀後半のヴィクトリア朝時代（1837—1901）にアメリカで流行したもので、凹凸の多い左右非対称な外観を特徴としている。ガーディナーの住宅作品には、このアメリカン・ヴィクトリアン様式を基調としたものが多い。

正面玄関は庭園と反対の山手本通り側にあるが、現在はこの玄関ではな

100

8 大客間。アルコーブには暖炉風のストーブが設けられ、その両脇には植物模様のステンドグラスがはまっている **9** 小客間。大客間同様、ここにも白いストーブ炉が備えられている **10** 大客間のステンドグラス。チューリップのつぼみのようなデザインがかわいらしい **11** プライベートなスペースである2階に続く階段

く隣接する新館から建物に入るようになっている。新館の位置に以前は和館がつながっていたが、洋館との接続部分が復元され、その続きにガラス張りの新館が増築されている。

なかに入って、最初に通る部屋が食堂である。来賓を招いての晩餐会も行われたこの食堂は、内田邸のなかでも最も重厚な雰囲気をもち、明治末という時代を反映してアール・ヌーヴォーのデザインに包まれている。緩やかな曲線をもった横木に縁取られたアルコーブには、暖炉型のストーブが設けられた(したがって内田邸には当初から煙突はなかった)、その周りにはやはりアール・ヌーヴォー調の草花文レリーフタイルが貼られている。側面にはめ込まれた植物文様のステンドグラスも鮮やかだ。なお、食堂のダイニングテーブルは脚1本だけが残っていたところから復元されたもので、8脚の小椅子と正面のサイドボードは移築前に残っていたもの。かつては和館にあった厨房で調理が行われ、隣接する配膳室を介して、この食堂に料理が運ばれていたという。

食堂に続いては、階段室のある玄関ホール。玄関の扉にはめられたガラスには内田家の家紋がデザインされており、玄関ホールの扉にもアール・ヌーヴォーのデザインが施されたステンド

12 暖かな光が充満するサンルーム。ガラスの下は引き違いの無双窓になっており、風を通すことができる

グラスを見ることができる。賓客を通す客間は大小二つ。大きなベイウィンドウから明るい日差しが入る大客間では、古写真をもとに長椅子と安楽椅子が復元され、暖炉型ストーブの脇には、玄関ホールや食堂と同じくアール・ヌーヴォーの意匠をもつステンドグラスが残されている。食堂の横にある小客間は、食後の団らんの場となったと思われる。

客間の外側にはガラス張りのサンルームが設けられているが、サンルームは一般的に最も洋館らしさを感じる部屋だろう。幕末から明治初期に建てられた外国人住宅は、吹き放ちのベランダを設けたものが多かったが、やがて日本の気候にあわせてベランダをガラス張りにしたサンルームが登場するようになる。この内田邸のサンルームは、外から見ただけではわからないが、実は腰壁が引き違いの無双窓になっている。冬は無双窓を閉じて、ガラス窓から日差しを取り込んで暖かく、夏は足元の無双窓から風を入れて涼しくという具合で、これも日本の気候にあわせた住まいの工夫の一つである。

2階は内田家のプライベート空間。玄関ホールから階段

無双窓

を上った正面は書斎で、アーチ形の入口をくぐると左手が造り付けの書棚になっており、定槌の旧蔵書の一部が収められている。

夫妻の主寝室は、部屋の2面から光が差し込む明るく落ち着いた空間で、隣接する浴室にも窓が大きくとられている。庭園側にはベランダが設けられ、寝室の奥には八角形の小部屋（塔屋の2階部分）がつながり、小さなくつろぎのスペースとなっている。また、かつて客用寝室だった部屋は、現在では展示室となっており、外交官内田定槌の生涯を紹介している。

そして普段は公開されていないが、海外への長期出張が多い外交官の家らしく、屋根裏部分は大量の荷物が収納できるトランクルームになっている。床板をはずすと2階廊下へつながっており、ロープで荷物の上げ下ろしをしていたという。

内田邸は、東京から移築された洋館で、かつての外国人住宅地であった山手を偲ばせるものとしてすばらしい。しかしながら、関東大震災で当時の住宅のほとんどを失ってしまった山手において、明治時代の堂々たる洋館に触れることができるのは、この外交官の家をおいてほかにはない。今ではまぎれもなく、山手を代表する「明治の洋館」なのである。

13 採光のよい主寝室。奥は塔屋の小部屋に続いている　14 塔屋の２階内部にある八角形のかわいい小部屋　15 定鎚の蔵書を収める書斎。開口部はアーチ型になっている

data

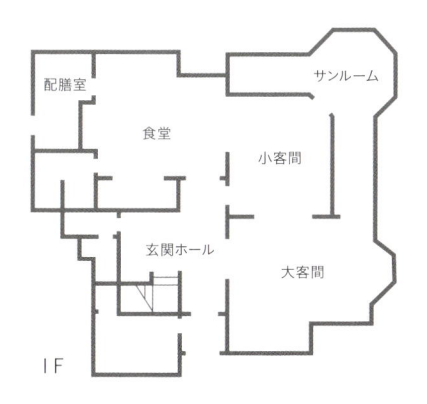

1F: 配膳室／食堂／サンルーム／小客間／玄関ホール／大客間

2F: 客用寝室／浴室／ベランダ／主寝室／書斎／寝室

竣工年 1910（M43）　設計者 ジェームズ・マクドナルド・ガーディナー　所在地 横浜市中区山手町16　見学情報 [開館] 9:30〜17:00 [休館] 第4水曜日（祝日は開館し翌日休）年末年始（12/29〜1/3）　入館料 無料　文化財指定など 国指定重要文化財　アクセス JR「石川駅」より徒歩5分

緑の窓との
対比が美しい
赤茶色の
フランス瓦

ベイウィンドウと鎧戸が
かわいらしさを演出

緑のボーダーが
建物のアクセントに

変化に富んだつくりの正面側外観

サロンにある100年ほど前に
つくられた「松本ピアノ」

愛らしいその外観は
まるで絵本のなかの家

ブラフ18番館

20
SINCE 大正末期

神奈川・横浜市

104

1 真っ白な外壁と緑色の鎧戸やボーダーのコントラストが美しい　2 右脇に付柱、左脇に2本のトスカナ式の柱を立てる玄関ポーチ　3 建物背面にあるサンルーム。上部は壁を後退させてバルコニーにしている　4 側面の外観。こちら側にもベイウィンドウが設けられている

その名は山手の地形に由来

山手イタリア山庭園の一画に移築されたブラフ18番館は、関東大震災後に山手町45—1番地に建てられた外国人住宅である。残念ながら建物の設計者や正確な竣工年などはわかっていない。建て主については、震災前の大正10年から震災翌年まで、貿易商のV・R・バウデンがこの土地を所有していたことから、おそらく彼が震災後にこの洋館を建てたものと考えられている。

バウデンはオーストラリアのシドニー生まれ。横浜貿易業界の重鎮であり、外国人社交界の中心人物だった。

建物は、大正13年にバウデンが手放してからは何人かの手に渡ったが、戦後はカトリック横浜司教区の所有となり、カトリック山手教会の司祭館として平成3年まで使用された。その後、横浜市が部材の寄付を受け、山手イタリア山庭園内に移築復元したのが現在のブラフ18番館である。ちなみにブラフ18番館というのは、現在この建物が建つ場所が旧山手18番地に位置することに由来する。横浜山手は、山手本通りとワシン坂通りの尾根道を中心に展開し、居留外国人たちから「ブラフ」（切り立った崖）と呼ばれた。だからブラフ（山手）の18番地にまわりに各室が並んでいる。玄関脇の建つ洋館とは、ブラフ18番館とは、ブラフ18番地に建つ洋館の事を指す。

建物は、木造2階建て。外壁は震災の経験を活かし、防火を考慮したモルタルを吹き付けたスタッコ仕上げとしている。

外観を見ていこう。正面は中央にベイウィンドウが設けられ、1、2階とも張り出して、1、2階のあいだにアクセントになっている。荒々しく仕上げられた幅の広い緑色のボーダーがアクセントになっている。荒々しく仕上げられた白いドイツ壁に、緑色に塗られた鎧戸の対比が美しい。屋根は赤茶色のフランス瓦を葺くが、玄関脇の階段室と、本体の屋根を切り替えるなど、屋根の形状にも変化がつけられている。1階正面の左隅が玄関ポーチで、その上はバルコニーになっている。また、側面の外観も、正面同様、中央にベイウィンドウを張り出す。一方、背面は、1階の全幅を開口としていて、内部は明るいサンルームになっている。その2階は矩形の開口が並ぶバルコニーである。

このようにブラフ18番館は、各面でベイウィンドウを張り出したり、壁面を後退させてバルコニーにしたりと、比較的小さい建物ながらも、変化に富んだ外観をしている。

色濃く残る明治外国人住宅の痕

玄関から入ると中廊下があり、そのまわりに各室が並んでいる。玄関脇の

5 3連の上げ下げ窓によるベイウィンドウをもつ食堂。復元された家具が展示されている　6 サンルームに通じる居間は、開口が大きく、やわらかな日差しが差し込む、明るい部屋　7 居間の隣にあるサロン。暖炉は居間のものと背あわせに配置されている

階段室を介して食堂があり、奥には、サロンと居間が並ぶ。これらの部屋の奥はサンルームになっている。また、2階の奥には三つの寝室がある。

内装は各室とも共通し、あっさりとしたもの。板張りの床に、壁は幅木に漆喰仕上げで、上部に繰形のない蛇腹をまわし、天井は格縁と中心飾りを設けることもなく、全体を漆喰で塗り上げている。サロンや居間には暖炉が背合わせで据えられており、これは煙突を一つにまとめるための工夫である。マントルピースは木製だが、草花を比較的写実的に描いた彫刻を施すところが興味深い。サンルームは明るい光で満たされ居心地がよい。サロンや、食堂はベイウィンドウを張り出しているので、単なる直方体の部屋とならず、動きのある空間になっている。

開口の上げ下げ窓、引き違い戸とも、グリッド状に桟をまわしただけのシンプルなもの。面白いのはサロンからサンルームへと続く開口で、開口の両脇も窓として、桟の隅を三角に区切るなど、装飾的な扱いになっている。その

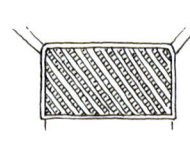

ほか、中廊下の欄間を飾るラティス状の斜めの格子や、階段の親柱の意匠、玄関上のテラスや背面バ

ラティス状の格子

8 サンルームはゆったりとくつろげる空間になっている　9 食堂に置かれている食器棚。旧バーナード邸のもので、昭和初期に元町でつくられた　10 親柱の形状が特徴的な階段室

ルコニーの手すりの鋳鉄の飾りなど、簡素な内装ながら、細かい装飾的な要素は少なくない。

室内の家具は、別の場所で使われたものを持ち込んだり、当時元町で制作されていた家具を復元したりして展示されている。こうした家具が置かれたおかげで、単なる資料館ではなく、戦前の居留地の外国人の暮らし方が想像できる展示となっている。

ブラフ18番館はフランス瓦の屋根、暖炉の煙突、ベイウィンドウ、上げ下げ窓と鎧戸、南に面したバルコニーとサンルームなど、震災前の外国人住宅の特徴をそのまま受け継いでいる。また、解体時の調査で、震災前に建築された山手45—1番地の旧住宅の一部が震災による倒壊と火災を免れ、部材として利用されていることがわかった。

したがって、この洋館は比較的小規模ではありながら、震災でほぼそのすべてを失ってしまった明治以来の横浜山手の外国人住宅の様子を垣間見ることのできる、貴重な建物である。

data

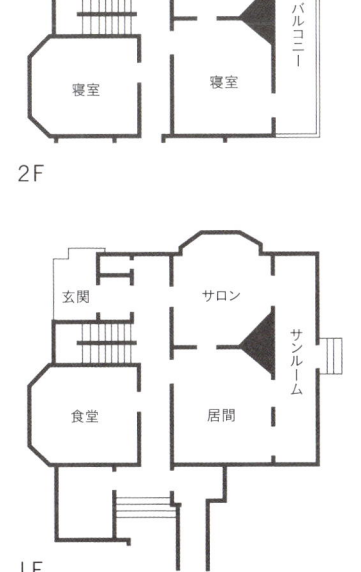

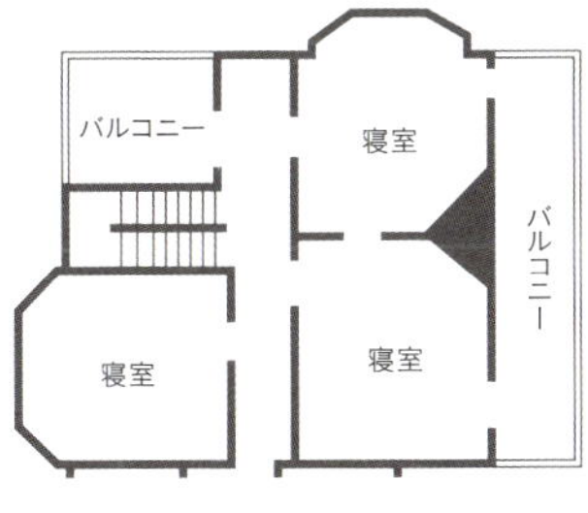

2F

バルコニー	寝室	
---	---	バルコニー
寝室	寝室	

1F

玄関	サロン	
---	---	サンルーム
食堂	居間	

竣工年　大正末期　設計者　不詳　所在地　横浜市中区山手町16　見学情報　[開館] 9:30〜17:00 [休館] 第2水曜日(祝日は開館し翌日休) 年末年始(12/29〜1/3)　入館料　無料　文化財指定など　横浜市認定歴史的建造物　アクセス　JR「石川町駅」より徒歩5分

> 四葉のクローバの
> ような形の小窓

> クリーム色の壁に
> オレンジの
> スパニッシュ瓦が
> よく似合う

> アーチ型の開口も
> スパニッシュの特徴

スパニッシュスタイルの要素にあふれた外観

ベーリック・ホール（旧ベリック邸）

山手の丘に映えるスパニッシュスタイルの大豪邸

21
SINCE 1930
神奈川・横浜市

玄関ポーチに施された菱形の意匠

1 3連アーチが特徴的な玄関ポーチ　2 クリーム色の外壁とアーチ窓　3 テラスにあるライオンをかたどった吐水口のある壁泉　4 華麗なアイアンワークが施された装飾扉を開け、内部へ

英国商人の栄華がよみがえる豪邸

外交官の家やブラフ18番館のある山手イタリア山庭園を出て、山手本通りを上ってゆくと、いくつかの洋館が建ち並ぶ元町公園にたどり着く。

これから紹介する旧ベリック邸(ベーリック・ホール)もまた、公園の敷地からは額坂で隔たっているものの、元町公園に附属する施設だ。

建て主は、イギリスロンドン生まれの貿易商、バートラム・ロバート・ベリック(1873—1952)。ベリックは明治31年、25歳で来日。すでにベリックの一族は横浜で文房具や機械、和紙や漆器の輸出入を取り扱うベリックブラザー商会を展開しており、バートラムは、この事業を継承するべくベリック商会として事業の拡大を図った。

そのベリックがジェイ・ハーバート・モーガン(1868—1937)に設計を依頼して建てたのがこのベリック邸である。ベリックが亡くなったのち、建物は宗教法人カトリック・マリア会に寄贈され、同会の運営する学校の寄宿舎として使用された。ベーリック・ホールという名は同会による命名という。

その後、学校は閉鎖されたが、横浜市が土地を取得し、建物も寄贈された。市は取得した土地に隣接する元町公園を拡張して建物の整備を行い、ベーリック・ホールとして平成14年から一般公開している。

ベリック邸は、横浜に残る洋館のなかでも個人住宅としては最大級の規模である。地下1階は鉄筋コンクリート造り、地上は木造2階建て。正面の外観は、中央やや左寄りに3連アーチの玄関ポーチを設け、その右側にもアーチの開口が並んでおり、2階の矩形の窓を上下に3つ開けている。2階の窓の両脇に不思議な形をした小窓があるのに注目しておきたい。

随所に見られるスパニッシュの意匠

この建物の特徴は、スパニッシュスタイルであるということ。スパニッシュは、屋根などにスパニッシュ瓦を葺き、外壁を白あるいは薄クリーム色とし、アーチ型の開口などを設けることなどを特徴とする。ベリック邸はクリーム色の荒々しい仕上げの壁に、アーチの開口の多用、オレンジのスパニッシュ瓦など、このスタイルの特徴をよく示している。

そのほか、外観上のポイントは、ポーチ右手のテラスで、中央の煙突を露出させ、一部をアーチ状に繰り抜いて壁泉にしている。ライオンの吐水口が何

5 居間は広大で、天井も高い。壁の中央には暖炉が据えられ、天井は太い梁型をあらわすなど重厚な意匠をもつが、各面にはアーチの開口が並ぶため、室内は明るく開放的で、威圧的な感じは全くしない　6 パームルーム。床は白黒市松模様のタイル敷き、脇には壁泉が設けられ、ライオンの吐水口をもつ　7 食堂は、壁に格縁をつけて荒いプラスターで仕上げ、天井は居間と同様に梁型をあらわしている

とも印象的だが、こうした水の流れる音を楽しむ施設をつくるのもスパニッシュの特徴。ほかにも先程触れた四つ葉と方形を組み合わせた不思議な形の小窓も、クワットレフォイルと呼ばれるスパニッシュの意匠である。

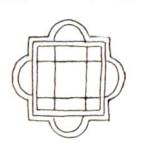

鉄製の装飾金具に彩られた玄関ドアを開けると、白黒市松模様のタイル敷の床に、両脇の壁にニッチを設けた愛らしい玄関ホールに迎えられる。ホールから右手の広い部屋は居間で、ここへは階段で3段下がるため、空間に奥行と広がりが感じられる。

この居間の左側面には、細いスチールの桟をもつ3連アーチの開口が開き、隣のパームルームに続いている。この部屋は開口だらけのガラス張りの部屋で、窓ガラスの桟がすべて細いスチールだから、まるで温室のなかにいるかのよう。パームとは、ヤシの木のことなので、本当に植物をおいて休憩室のように使用していたかもしれない。

また、食堂は暖炉やアルコーブを設け、格調高さがあるなかにも、居心地のよい場所になっている。鋳鉄の繊細な装飾が施された手すりをもつ階段を上ると、2階には寝室などプライベートな部屋が並ぶ。なかでも子ども用寝

クワットレフォイル

8 階段まわりにも鋳鉄製の装飾が施されている　9 階段室の窓。半円形を組み合わせた模様がかわいらしい　10 専用のサンポーチをもつ夫人寝室　11 青い磨き壁の左官技法が再現されている子ども用寝室　12 青い壁が涼しげな子ども用寝室専用のバス・トイレ

室は青い磨き壁の左官技術が再現されており、大変貴重である。なお、各寝室には専用のバス・トイレなど、充実した設備が備わっている。ベリック邸はモーガンの作品のなかでも規模、質とも屈指のもので、彼の代表作といってよい。まさに横浜山手を代表する洋館である。

data

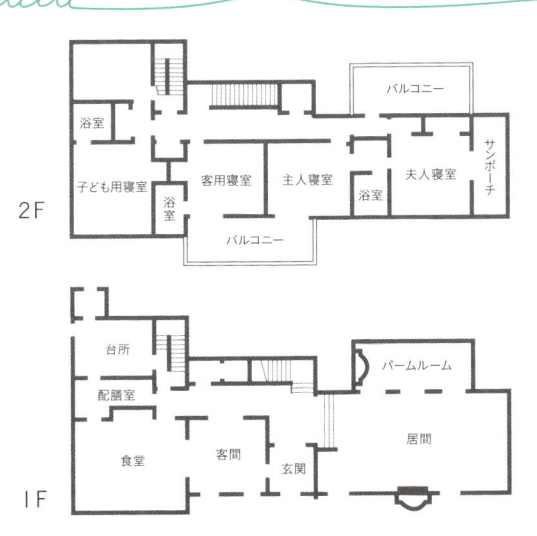

竣工年 1930(S5)　設計者 ジェイ・ハーバート・モーガン　所在地 横浜市中区山手町72　見学情報 [開館] 9:30～17:00 [休館] 第2水曜日(祝日は開館し翌日休) 年末年始(12/29～1/3)　入館料 無料　文化財指定など 横浜市認定歴史的建造物　アクセス みなとみらい線「元町・中華街駅」より徒歩8分

1階と2階の
板の張り方の
違いに注目

正面に取りつけられた
煙突が外観上の
アクセントに

サンルームの
ガラス戸からは
外に出られる

水平ラインを強調したライト風の外観

邸内随所に見られる
レーモンド流の幾何学デザイン

エリスマン邸

横浜を愛した
外国人貿易商の
モダンな住宅

22
SINCE 1926
神奈川・横浜市

112

1 背面の外観。ガラス張りの内部はサンルームで、その上はバルコニーになっている　2 水色の鎧戸が、真っ白な外壁のアクセントになっている　3 玄関脇の2階に設けられたバルコニー

元町公園内への移築の経緯

エリスマン邸は元町公園の敷地内、山手本通りに面して建っている。通りに沿って隣りにはベーリック・ホールが位置するなど、山手の洋館群の一画にあり、公園の緑の木立に囲まれて建つ姿は美しい。ところが、これは近年の移築によるもので、もともとは山手127番地にエリスマンの私邸として建てられたものである。

貿易商フリッツ・エリスマン(1867-1940)はスイス、チューリッヒの生まれ。明治21年に来日し、戦前最大といわれる生糸貿易商シーベル・ヘグナー商会の横浜支配人として活躍した。昭和15年に亡くなるまで日本に在し、今でも横浜山手の外国人墓地に眠っている。

その後、建物は戦災を免れ、所有者が転々としながらもその姿を保ち続けてきた。昭和57年にマンション建設のために解体されたが、その歴史的価値が評価され、横浜市が当時の所有者から部材を譲り受けた。それを平成2年に元町公園内に移築したものが現在のエリスマン邸である。

木造2階建て。当初は和館が併設されていたが、移築の際には部材が残っておらず、復元されなかった。

設計は、本書でも東京女子大学のキャンパスの建物群の設計者として紹介している、アントニン・レーモンド。横浜にあるレーモンドの作品には、ライジングサン石油の社宅(現フェリス女学院10号館)などがある。

エリスマン邸設計当時のレーモンドは、師である建築家フランク・ロイド・ライトのもとから独立して間もないころで、細部にはまだライトの影響が見られる。一方で、その後のレーモンドの作風を感じさせる部分もあるので、移行期の作品といえる。それでも、その簡潔なデザインは、欧米の直輸入のような、横浜に残るほかの洋館群とは少々異なる、モダンな雰囲気を醸し出している。

レーモンド流モダニズム建築の追求

外観から見ていこう。屋根の勾配を緩くし、1、2階のあいだに見切の庇をまわし、軒先を張り出すなど、水平性を強調するところにライトの住宅の面影がある。

しかし、全体としてはアメリカの郊外住宅の一形式であるシングル(板張り)スタイルをねらったものと思われる。ただし、日本のシングルスタイルは下見板張りのものが多いが、ここでは1階を縦板張り、2階をドイツ下見張りにして変化をつけている。

最大の特徴は、全体のボリューム構

4 レーモンドが手がけた家具が復元され、展示されている応接室
5 居間兼食堂の様子。こちらの家具もレーモンドの作品の復元
6 応接室の暖炉。上部の多角形の装飾は、アール・デコにも通じるデザイン

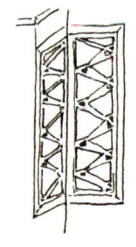

暖炉上の装飾

成で、屋根は寄棟を雁行状に配置し、2階の2面にバルコニーを設けて壁面を後退させるなど、全体に凸凹をつけているので、単純な直方体にはなっていない。さらに、鎧戸、上げ下げ窓、バルコニーといった従来の洋館のデザイン要素を用いながら、開口を大きくとり、窓には大ガラスを入れて桟で区切らないから明るい、モダンな意匠に仕上げられている。

内装は各室ともほぼ共通し、腰高板壁に、天井との境に見切がまわされるだけのあっさりしたもの。また、居間兼食堂や応接室に置かれた幾何学的なデザインの椅子や、六角形のテーブルなどは、レーモンドがほかの家のために設計したものを復元した。これらの家具の意匠はライト風だ。

デザイン上目を引くのは応接室の暖炉で、上部両脇に多角形に切り込んだ特異な装飾が施され、大谷石を加工したシンプルなマントルピースとは対照的である。このアール・デコにも通じるモダンなデザインには、師であるライトの作風をのがれ、独自のデザインを追い求めたレーモンドの気負いが感じられる。

7 庭に面したサンルーム。窓辺のデッキチェアもレーモンドの作品の復元 8 2階の寝室。上げ下げ窓を壁に収めることで、開口部を大きくしている 9 水平線とジグザグ線で構成された、大胆なデザインの階段室

data

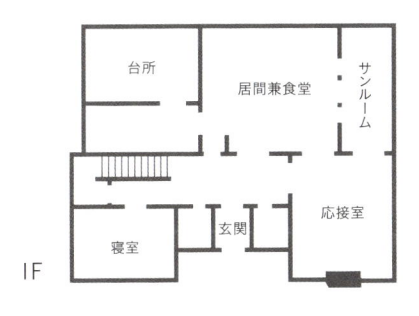

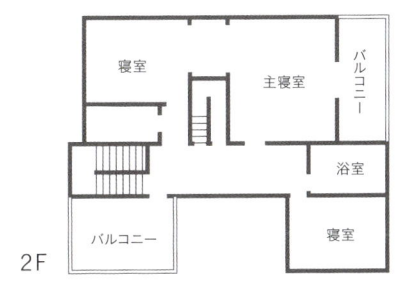

竣工年 1926(T15)　設計者 アントニン・レーモンド　所在地 横浜市中区元町1-77-4　見学情報 [開館] 9:30～17:00 [休館] 第2水曜日(祝日は開館し翌日休) 年末年始(12/29～1/3)　入館料 無料　文化財指定など 横浜市認定歴史的建造物　アクセス みなとみらい線「元町・中華街駅」より徒歩8分

独自のスタイルの確立へ

庭に面してあるサンルームは、開口を大きくとり、窓辺には藤製のデッキチェアが置かれる。室内には明るい光が充満して誠に心地がよい。

階段の見所の一つで、手すりの水平線と壁のジグザグ線といった幾何学で構成された大胆なデザインが、アール・デコをほうふつさせる。

主に寝室として使用されていた2階の各室の内装は1階とほぼ同様、幅木に布張の壁、天井とのあいだに見切りをまわしただけのごくシンプルなもの。なお、2階はやたら低い位置に窓があるが、これは上げ下げ窓を上部の壁に収めて開口部を大きくとるための工夫である。

レーモンドはこののち、世界的にも最先端の鉄筋コンクリート打ち放しの自邸を建て、ル・コルビュジエばりのダイナミックなモダニズム空間を自らの木造のアトリエで実現するなど、独自のモダニズムを切り開き、やがて日本の近現代建築が世界へと開いていく契機をつくった。

ここエリスマン邸では、そんなレーモンドがライトの影響下にありながらも、新しいデザインを模索していたさまをよく見てとることができる。

淡いオレンジの外壁に
緑のラインがよく映える

改修後につけられた
バルコニーも全体と
よくマッチしている

1階のベランダには
柱がいっぱい

1階はベランダ、2階はバルコニーのある正面玄関

上げ下げ窓と鎧戸

山手234番館

関東大震災後に建てられた外国人向け復興住宅

23
SINCE 1927
神奈川・横浜市

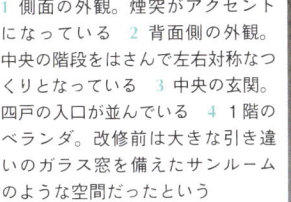

1 側面の外観。煙突がアクセントになっている　2 背面側の外観。中央の階段をはさんで左右対称なつくりとなっている　3 中央の玄関。四戸の入口が並んでいる　4 1階のベランダ。改修前は大きな引き違いのガラス窓を備えたサンルームのような空間だったという

震災からの復興の足がかり

元町公園の向かい側、山手本通り沿いに、後述するえの木ていと並んで山手234番館は建っている。

山手に残る洋館の多くは、関東大震災後の昭和戦前期に建てられたものだが、それほど震災による被害は甚大なものだった。ほとんどの家屋が倒壊・焼失し、山手の街並みは一日にしてがれきの山と化した。住む家を失った多くの外国人は神戸や上海などへ移り、震災前に7650人だった横浜在留の外国人の人口は、震災翌年の段階で2156人にまで激減していた。

復興に向けた課題の一つは、横浜の貿易を支えてきた外国人たちに再び横浜へ戻ってきてもらうことだった。横浜市の震災復興事業では、外国人を招致するためのホテル(現在のホテル・ニューグランド)が建設されたほか、山手と根岸には外国人向けの市営住宅が建設され、その一部は現在も個人住宅として使用されている。

山手234番館もそうした外国人向けの住宅の一つで、昭和初期に建てられた木造2階建ての集合住宅である。市営ではなく民間事業者による賃貸住宅で、戦後も米軍による接収を経て、長く外国人住宅として使用されてきたが、平成元年に横浜市が取得し、改修工事を経て、平成11年から現在の形で公開されている。

設計者は横浜に事務所を構えていた朝香吉蔵とされる。234番館に隣接するえの木ていが朝香の設計であり、開口部や煙突の形状など、意匠的に234番館と共通する部分が多いことから、同じ設計者と考えられている。また234番館・えの木ていとも当時の所有者が同一人物であることから、この一帯の住宅群は一連のものとして計画された可能性が高い。

明治22年に山形で生まれた朝香吉蔵は、横浜の浅野造船所や横浜船渠株式会社建築部などを経て、大正12年に事務所を開設している。現在のところ、この234番館とえの木てい以外に所在がはっきりする設計作品は知られていないが、住宅設計を中心に、横浜の震災復興を支えた建築家の一人といえるだろう。

同一規格の4戸の住まいと共有部

建物正面は、1階前面が列柱の並ぶベランダになっており、その上に2階バルコニーが設けられているが、昭和5年ごろの写真から、当初バルコニーはなく、中央の玄関ポーチだけであったことがわかっている。改修工事の前には、1階のベランダにも2階のバルコニーにも引き違いのガラス窓がはめ込

5 居間兼食堂の様子。アーチ状の袖壁で居間と食堂の空間を仕切るつくりは、えの木ていと共通している　6 居間の隅に据えられた暖炉　7 食堂の脇にある台所。シンプルかつ機能的なつくり

まれて、サンルームのような室内空間となっていた。

建物内には同一形式の住宅が4戸収められ、中央の玄関ポーチをはさんで、左右対称に二つの住まいが上下に重なっていた。共有の玄関ポーチには4枚の扉が設けられ、それぞれ1階と2階の四つの住宅への入口となっていた。中央の2枚の扉は、かつては2階へ上る一直線の階段につながっていたが、現在は勾配の緩い折り返し階段に改修されている。

間取りを見ると、いずれも通りに面して居間兼食堂を配置しており、その奥に台所と浴室、そして3つの個室が続いている。居間には暖炉が設けられており、そこから屋上へと伸びる煙突の形状が両側の外壁にもあられ、鎧戸のついた上げ下げ窓が開けられただけの簡素な外観のアクセントになっている。また、浴室に面した建物中央には小さな光庭が設けられ、採光と換気の機能を果たしている。

当時の建物と住人の暮らしを知る

現在は4戸の住まいのうち、1階左側の住まいの居間兼食堂部分に、当時

8 調度品が飾られた一室。部屋のつくりはいたって簡素なものである　9 折り返し階段は改修後のもので、以前は一直線の階段だった　10 一部は市民活動などに利用されている　11 建物中央に位置する光庭。やわらかな光が降りそそぐ

data

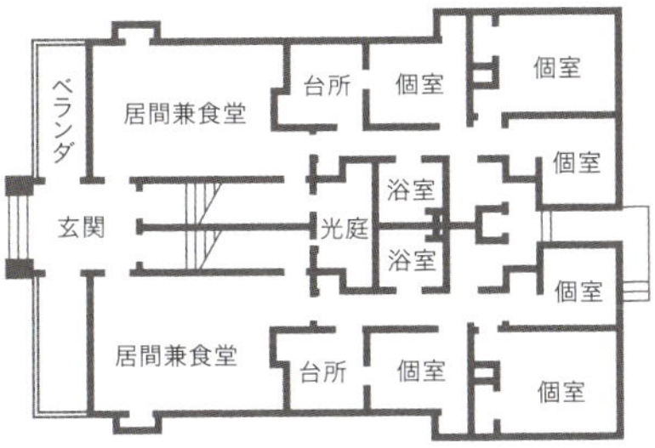

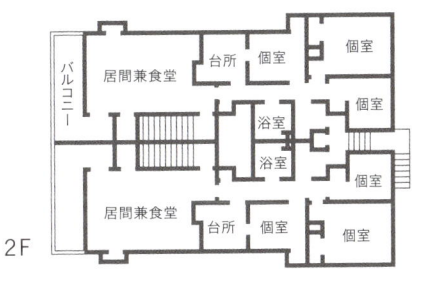

竣工年　1927(S2)　設計者　朝香吉蔵　所在地　横浜市中区山手町234-1　見学情報　[開館]9:30～17:00　[休館]第4水曜日(祝日は開館し翌日休)年末年始(12/29～1/3)　入館料　無料　文化財指定など　横浜市認定歴史的建造物　アクセス　みなとみらい線「元町・中華街駅」より徒歩8分

の部屋の様子が再現されている。室内はアーチ形の袖壁によって前後の空間に分割されており、これはえの木ていの居間にも共通する空間のつくり方である。居間の奥には天井近くまでの高さの大きな食器棚が備えられていて、現在はこの食器棚に、改修工事の際に取り外された照明器具やドアノブなどの建築部材が展示されている。

そのほかの3戸の各部屋は、ギャラリーやレクチャールームなどの貸しスペースとして、市民活動に利用されている。1階右側のインフォメーションでは、創建当時の234番館の復元模型が展示されており、内部まで細かくつくり込まれた模型は一見の価値がある。また、234番館では、過去にこの住宅で暮らした外国人へのインタビューを実施してきた。これは当時の外国人の多彩な住まい方を明らかにする重要な調査活動である。

山手の洋館は、多くが昭和戦前期に建てられたものである。そのなかでも山手234番館は、外国人招致に努めた震災復興期の状況を反映した洋館であるとともに、当時の外国人住宅のあり方を教えてくれる貴重な住宅である。そして山手本通りという、山手地区メインストリートの昭和戦前期の景観を伝えるものとしても、重要な存在である。

愛らしい外観は
まるでお菓子の
家のよう

窓まわりの
真っ赤な縁取り

白い外観は
ざらざらとした
スタッコ仕上げ

コンパクトでかわいらしい外観

2階の個室のランプ

24
SINCE 1927
神奈川・横浜市

えの木てい

震災復興賃貸住宅に
生まれ変わった
パティスリーに

1 現在は喫茶室として使われている居間兼食堂　2 居間と食堂を区切るアーチ型の袖壁。このような袖壁は、同じ朝香の作品である山手234番館にも見られる　3 優雅にお茶を楽しめる2階の個室。暖炉の意匠は大小の玉石を張り付けた珍しいもの

data

竣工年 1927（S2）　設計者 朝香吉蔵　所在地 横浜市中区山手町89-6　見学情報［営業時間］平日 12:00〜17:30、土日祝 11:30〜18:00　［定休日］なし　アクセス みなとみらい線「元町中華街駅」より徒歩8分

山手本通りに面した小さな館

山手本通りを散策するときに立ち寄りたい喫茶スポットの一つが、元町公園の向かいにある、えの木ていである。木造2階建てのこの建物は、震災復興後に外国人向け住宅として建てられた民間の賃貸住宅である。かつては同じデザインの住宅が3棟並んでいたが、現存するのはこの1棟だけで、現在は喫茶室になっている。

幕末以来、外国人の住宅地区として発展してきた山手では、関東大震災後、多くの外国人が横浜を離れてしまった。彼らが暮らしていた旧居留地の土地は外国人が永代借地権をもっていたため、横浜市ではこれらの借地権を少しずつ買収し、市有地として復興を進めていった。山手本通り沿いの234番地から、えの木ていのある89番地にかけて、いったんは横浜市が借地権を買収したが、その後同じ人物に所有権が移っている。

設計者は、前述の234番館ともに朝香吉蔵とされている。当時の雑誌に、朝香事務所の作品として、えの木ていと同じ間取りの山手大通りに面した小住宅が紹介されているので、同じ建物とみて間違いない。昭和5年ごろの山手本通りの写真を見ると、234番館と、えの木ていを含む3棟の小住宅が共通のデザインで建てられていることがわかり、234番館の山手本通り沿いの景観に対する設計者の意識がうかがえる。

外観に目を向けると、234番館のクリーム色の外壁に対して、こちらは表面の粗いモルタル塗りスタッコ仕上げの真っ白な外壁である。防火性をもつモルタル仕上げの外壁は、震災後の洋館に共通して見られる特徴だが、ここでは白い外壁のなかに赤い窓枠で縁取られることで、上げ下げ窓の存在が強調されている。1階部分はアーチ窓をもつベイウィンドウが張り出し、その脇に玄関ポーチが設けられている。

現在は1階が喫茶室として、2階は個室とスイーツのショップとして利用されているが、1階の喫茶室は、当初は居間兼食堂であった。234番館と同じようにアーチ形の袖壁によって、一室が居間と食堂の二つの空間に分けられており、居間の暖炉から伸びる煙突が外壁に飛び出てくる点も、234番館と共通している。食堂の奥には台所と浴室、サンルームからなっていた。2階は三つの寝室が設けられている。

現在の山手本通りは、週末多くの観光客で賑わうが、かつては外国人たちの日常の暮らしの場であった。前庭のテラスでお茶を飲みながら、横浜港の美しい灯を眺めていた当時の人々を偲んではどうだろうか。

屋根のまわりは
見所がいっぱい

妻の部分は
うろこ状の
板張り

真っ赤な妻壁は
強烈なインパクト

ローズガーデン側から見た外観

玄関ポーチのタイル

こだわりの
妻飾りが目を引く
かわいい木造洋館

山手資料館
（旧中澤兼吉邸）

25
SINCE 1909

神奈川・横浜市

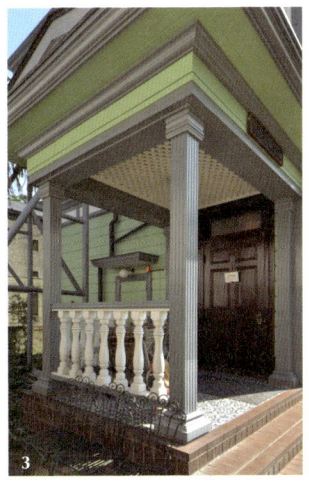

1 背面の外観。正面同様、屋根まわりは見応えがある 2 建物の前に置かれた、グリーンベンチとガス灯
3 側面に張り出すように取りつけられた玄関ポーチ

data

竣工年 1909(M42)　設計者 不詳　所在地 横浜市中区山手町247　山手十番館庭内　見学情報 [開館]11:00～16:00 [休館]月曜日(祝日の場合翌日休)、年末年始　入館料 無料　文化財指定など 横浜市認定歴史的建造物　アクセス みなとみらい線「元町・中華街駅」より徒歩8分

横浜の歴史を今に伝える資料館

関東大震災後に建てられた洋館が多くを占める山手地区のなかで、創建が明治時代にさかのぼる数少ない洋館が、明治42年竣工の山手資料館である。現在は展示施設として公開されているが、創建当初は、本牧上台(現在の中区本郷町2丁目)の地に建てられた中澤兼吉邸の応接室だった。

中澤兼吉の父源蔵は、明治初めに中澤牧場をおこした人物で、山手居留地に住む外国人たちに牛乳やバターを販売し、一財産をなした。源蔵の跡を継いだ兼吉も、牧場経営をもとに事業を拡大し、明治42年、本牧上台の広大な敷地に本邸を建設した。

建設には横浜の大工が関わったと紹介されることが多いが、創建当時の設計者について確実な資料はまだ確認されていない。当時の中澤邸は明治時代の邸宅によく見られる、大規模な和館に一間の洋館(応接室)を備えた和洋併設型であり、このときの洋館が現存する山手資料館にあたる。

兼吉の逝去後の昭和4年、かつての中澤牧場の跡地(現在の中区諏訪町)に本牧から洋館を含む邸宅の一部が移築された。しかし、昭和47年、同地にマンション建設計画がもち上がると、この洋館も解体される運命となる。

一度は横浜市が活用する予定であったが事情が変わり、レストラン山手十番館を経営する勝烈庵の社長、本多正道が引き取った。本多氏はこの洋館を山手十番館の庭内に移築し、自身が集めた横浜の歴史資料を公開する資料館として保存することにした。こうして昭和52年4月に山手資料館が開館し、旧中澤邸は新たな姿でよみがえることとなった。

建物はほぼ正方形の平面をした木造2階建てで、外壁の下見板張りは、上下の下見板を互いに組み合わせて段差をつくらないドイツ下見である。

寄棟屋根を途中で切り落とした形の屋根まわりは見所が多い。南北の妻壁には中央にアーチ窓があり、そのまわりはうろこ状の板張りで仕上げられている。また、アーチを組み合わせた屋根庇の縁には、寺社建築に見られる木鼻のような装飾が施され、横浜の大工が手がけたと伝えられてきたことももなずける、和風の隠し味が効いたものになっている。なお、現ет屋根には鮮やかなフランス瓦が葺かれているが、当初はスレート葺きであった。

二度の移築を経て現在の姿となった山手資料館は、山手地区の外国人住宅とは異なる、地元の名士が構えた明治の邸宅のあり方を教えてくれる、貴重な、そして愛らしい洋館である。

港の見える丘公園内から見た外観。目の前には芝生が広がる

窓まわりの
デザインに注目

左右端の丸窓が
外観のアクセント
となっている

中央の
ベイウィンドウを境に、
ほぼ左右対称なつくり

渦巻き模様をあしらった、
素朴でかわいらしいドアノブ

26
SINCE 1937
神奈川・横浜市

にじみ出る大英帝国の
威厳と風格

横浜市イギリス館
（旧英国総領事公邸）

124

1 円筒状のデザインが特徴的なサンルームの外観　2 北側に面する表玄関。南側から見た外観とは全く違った印象で、窓の形も大小さまざま　3 当時の大英帝国の権威を示すレリーフ　4 アクセントとなるアール・デコ風の丸窓

戦渦が忍び寄る昭和初期の建築

終戦後、昭和44年に総領事がイギリスに引き上げたことで、一時、公邸の土地と建物が競売に出されたが、横浜市がこれを買い取り、港の見える丘公園の一部として整備されることになった。現在はホールや会議室を備えた市民利用施設「横浜市イギリス館」として一般公開されている。

鉄筋コンクリート造り2階建て、地下1階のこの建物は、イギリス工務局上海事務所の設計によるもの。同事務所は、東アジアにおけるイギリス在外公館の営繕を所管しており、国内に現存する建物では、横浜の旧英国総領事館のほか、函館や下関の旧英国領事館、東京のイギリス大使館などを手がけている。

地下鉄みなとみらい線元町・中華街駅を元町側に出て谷戸坂を上ると、港の見える丘公園に着く。展望台からは真正面に横浜ベイブリッジを望むことができ、2012年には、昭和38年の横浜を舞台にしたスタジオジブリ映画「コクリコ坂から」にちなんだ記念スポットも設置されて、話題を呼んだ。

かつてはイギリス軍の駐屯地であったこの山手の高台に、旧英国総領事公邸が建てられたのは、昭和12年のことである。なお、横浜港に面した日本大通3番地には、昭和6年に建てられた旧英国総領事館（現横浜開港資料館）が現存しており、こちらは領事のオフィスにあたる。イギリス総領事は山手の公邸から、山下のオフィスへと通っていたわけだ。

とはいえ、この英国総領事公邸が完成した昭和12年には日中戦争が勃発し、時代は次第に戦時色を強めていった。昭和16年12月、日本がアメリカとイギリスに宣戦布告すると、両国の公館員は監視下に置かれることとなり、昭和17年3月には、この公邸に収容されていた代理領事のマクヴィティーを含む3名が刑務所へ収監された。英国総領事公邸は、主を失ったまま終戦を迎えることとなる。

当時のまま現存する歴史的建造物

建物全体は総じて装飾を控えたシンプルな意匠で、同じ昭和戦前期のイギリス大使館などにも共通する洗練されたモダンな感覚がうかがえる。東西に長い建物は、南側に大きく庭をとって配置されており、庭から眺めたときに中央のベイウィンドウを中心に左右対称となるようデザインされ、2階の丸窓や1階西側の半円形のサンポーチが外観にアクセントを添えている。

通り沿いに開かれた門をくぐると、右手に玄関があらわれる。建物に入

5 サンルーム内部。丸く張り出し、大きくとられた窓からの光が清々しい　6 玄関を抜けるとメインホールに出る　7 バルコニーつきの西側スリーピングポーチ。反対側にも同様の部屋があるが、バルコニーはついていない

る前に玄関左側の外壁に掲げられたレリーフに注目してほしい。王冠の下にアルファベット「GR」とローマ数字「VI」が組み合わされている。

「GR」はラテン語のGeorgius Rexを略したもので、英訳するとKing Georgeのこと。つまり、このレリーフは当時のイギリス国王ジョージ6世の治世下に建てられたことを示している。

4本の円柱による束ね柱に支えられた玄関ポーチからなかに入ると、風除室のトップライトから優しい光が落ちてくる。さらに進んで玄関ホールを抜けると、メインホールに出る。かつては西からサンルーム、応接室、食堂と並んでいたが、現在では一体的にホールとして利用されている。

当時のタイル貼りの床面が残されたサンルームは、窓が大きくとられた明るい空間で、外交官たちの華やかな社交場だったことを偲ばせる。また1階の配膳室や台所の内装タイルや造り付けの棚も忘れずに見ておきたい。なお、台所にある巨大なガスコンロは今も現役で使用されている。

玄関ホールの脇から階段を上った2階には、かつてアルコーブ

ジョージ6世

8 玄関ホールのニッチにも上品な装飾が施されている　9 踊り場の大きな半円形アーチの窓が階段を明るく照らす　10 建物周辺には洋式庭園が広がる

幕末の開港以来、横浜には各国の領事館や領事公邸が置かれてきたが、建設当初の建物で現存するものは、ここと先述の英国総領事館の2棟のみである。いずれも横浜市指定文化財として保存されているが、昭和40年代に至るまで現役で使用されてきたことや、その後、横浜市の公共施設として整備されたことが、現在に伝えられた大きな要因といえる。どちらも国際貿易都市として歩んできた横浜の歴史を物語る建物である。

ての領事夫妻の寝室が復元整備されている。当初は三つの寝室のほかに浴室や化粧室、休憩室が設けられていた。現在、そのほかの寝室は展示室や集会室として用いられている。寝室につながる2つのスリーピングポーチは、1階のサンルームと同じくタイル貼りの床面で、西側のスリーピングポーチからは半円形のバルコニーに出られるようになっている。

data

2F / 1F 平面図

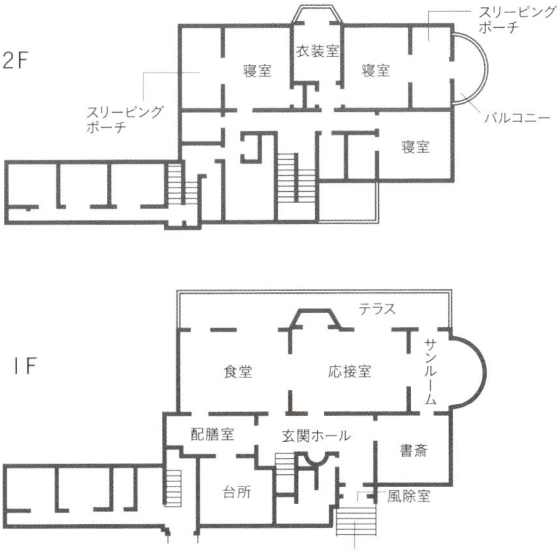

竣工年 1937(S12)　設計者 イギリス工務局上海事務所　所在地 横浜市中区山手町115-3　見学情報 ［開館］9:30〜17:00 ［休館］第4水曜日（祝日は開館し翌日休）年末年始(12/29〜1/3)　入館料 無料　文化財指定など 横浜市指定文化財　アクセス みなとみらい線「元町・中華街駅」より徒歩7分

> スタッコ仕上げの白壁や赤い屋根瓦はいかにもスパニッシュ

> パーゴラの上は青々とした植物の屋根が架かる

> 3連アーチの玄関ポーチをくぐって内部へ

美しいバラを咲かせる花壇から見た正面外観

玄関ポーチのかわいいランプ

山手111番館（旧ラフィン邸）

薔薇が似合う愛らしいスパニッシュスタイル

27
SINCE 1926
神奈川・横浜市

1 建物のまわりは木々や色とりどりの花に囲まれている　2 前庭には美しいバラが咲き誇る　3 背面の外観は地下部分が見え、一見3階建てのよう　4 スタッコ仕上げの白壁に赤い瓦がよく映える

終生横浜を愛したモーガンの作品

旧ラフィン邸は山手に現存する外国人住宅の一つで、港の見える丘公園の南端、ワシン坂通りに面して建っている。平成11年に公園が再整備された際、山手111番館としてオープンした。

この建物は、大正15年、当時横浜で船荷積み降ろし業を営んでいたアメリカ人ラフィンの居宅として建築された。

設計は、ジェイ・ハーバート・モーガン。モーガンは、アメリカニューヨーク州バッファローの生まれで、大正9年に日本フラー建築株式会社の設計技師長として来日し、東京丸の内にあった丸の内ビルディングの施工に携わった。大正11年にはフラー社を退社し、自身の事務所を開設した。

横浜を拠点に各地に作品を残したが、多くはここ横浜に建てられた。本書でも取り上げたベーリック・ホールのほか、横浜山手聖公会、旧根岸競馬場一等馬見所などの作品がある。昭和12年に68歳で亡くなるまで日本に滞在し、現在も山手の外国人墓地に眠っている。

光と香りを満喫できる空間

ラフィン邸は鉄筋コンクリート造りの地下1階、地上は木造2階建て、モルタル吹き付け、瓦葺き。この建物の

特徴は、スパニッシュスタイルでまとめられていること。ラフィン邸では、荒々しいスタッコ仕上げの白壁や、屋根の赤い瓦(残念ながらスパニッシュ瓦ではない)、入口の半円アーチなどにその特徴があらわれている。

さて、ラフィン邸の外観は、正面は左右対称で、2階には矩形の窓が並び、1階は玄関ポーチを張り出して3連アーチを見せ、両脇の壁を弓状にやや立ち上げている。

また、建物は傾斜地を利用していることから、正面から見ると2階建て、背面から見ると地階部分の外壁があらわれ3階建てに見える。背面にはローズガーデンが広がっている。

玄関ポーチとなっている3連アーチをくぐると、そこは屋根のないパーゴラで、開放的な場所に緑の植物が絡んでいる。

玄関を入ると、真っ先に迎えられるのが中央部分の2層を吹き抜けにしたホールで、見上げれば2階部分に回廊がまわっている。正面には木製のマントルピースにタイル貼りの暖炉があり、その上部は回廊の一部が演台のように迫り出している。白いプラスター仕上げの壁や天井と、開口部や天井の茶色い木部が対比的で、全体がまるでチョコレート細工のお菓子を思わせる華麗なデザインに仕上がっている。

5 開放感のある吹き抜けのホール。正面には暖炉が据えられ、その上には回廊の一部が迫り出している　6 吹き抜けのまわりを取り囲む2階の回廊　7 まるでチョコレート細工のようなマントルピースの意匠　8 玄関脇のアルコーブ　9 落ち着いた雰囲気の応接室

一方、玄関脇のアルコーブは、両脇に柱頭飾りをつけた八角柱を立てるなど格調高い。

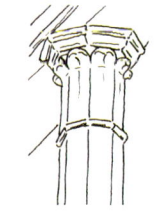

ホールの奥にある食堂は、壁の腰高の羽目板や、太い天井の格縁、さらにホールと背合わせに据えられた暖炉が、重厚で落ち着いた雰囲気を醸し出している。ただし、食堂の背後には、海に向かう眺望を考慮した開放的な空間になっているため、過剰な重々しさは感じられない。

2階の寝室は、大きな窓から望む海の眺めが美しい。正面側のスリーピングポーチは、もともとは19世紀末のアメリカ住宅につくられた半屋外の寝室の流行を、ここ横浜の地にもち込んだものらしい。

ラフィン邸は、どちらかといえばこぢんまりとした建物だが、敷地形状を活かした全体の構成や、スパニッシュタイルを取り入れた正面のアーチの美しさ、吹き抜けのホールの豊かさなど見所が多い。大正期のスパニッシュ住宅としても貴重なものである。

地下1階には喫茶室も併設されている。ローズガーデンとあわせて堪能したい。

八角柱

10 食堂の壁は腰高の羽目板で、天井の格縁は太く、重厚さを漂わせている　11 食堂の天井　12 2階からはよく手入れされた庭と海が見える

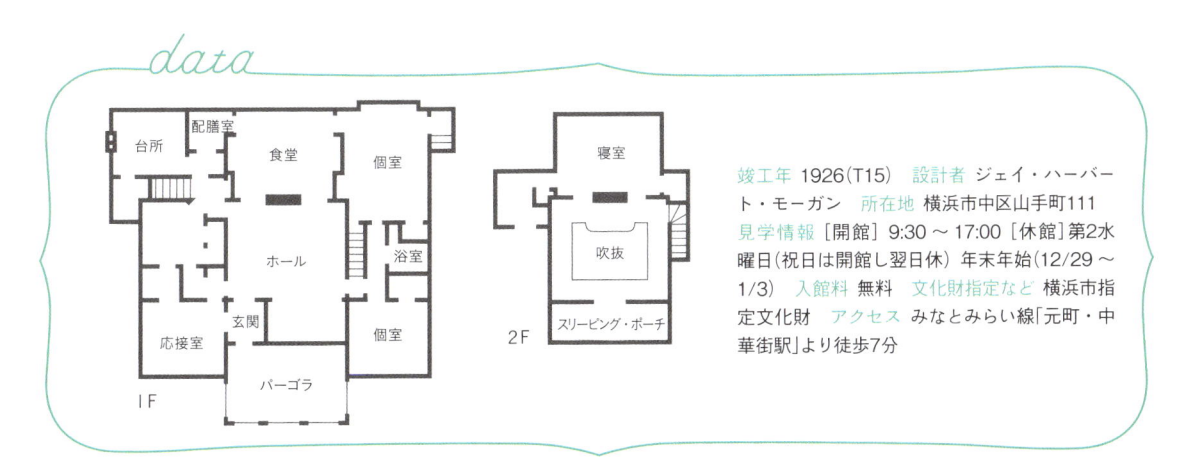

data

竣工年　1926(T15)　設計者　ジェイ・ハーバート・モーガン　所在地　横浜市中区山手町111　見学情報　[開館] 9:30～17:00 [休館] 第2水曜日(祝日は開館し翌日休) 年末年始(12/29～1/3)　入館料　無料　文化財指定など　横浜市指定文化財　アクセス　みなとみらい線「元町・中華街駅」より徒歩7分

鮮やかな青色の
スパニッシュ瓦

庭を高くしているので
3階建てなのに
2階建てに見える

バリエーションに富む
窓にも注目

海側の庭から見た外観。塔屋やベランダなど凸凹が多く彫りの深いつくり

2階の窓のステンドグラス

28
SINCE 1936
神奈川・鎌倉市

加賀百万石の末裔が
別荘地鎌倉に構えた
こだわりの洋館

鎌倉文学館
（旧前田利為鎌倉別邸）

1 石造りの小さなトンネル、「招鶴洞」 **2** 東側面から玄関へと向かう。門のような玄関ポーチの柱部分には透かし装飾が施されている **3** 八角形の塔屋風のベイウィンドウ。2階と3階で窓の形が異なり、2階のアーチ状の部分はステンドグラスがはめられている

華族の別荘地、鎌倉

海辺の行楽地鎌倉を象徴する由比ヶ浜越しに相模湾を望む、風光明媚な長谷の山手に鎌倉文学館がある。鎌倉文学館は、文士の町鎌倉にふさわしい施設を望む鎌倉市民の声を受けた鎌倉市が、寄贈された旧前田利為鎌倉別邸を使用して昭和60年に開館した。

前田家は加賀百万石の大大名の末裔で、昭和4年に東京駒場に構えた本邸も残り、戦前の大邸宅のゆとりのある空間をそのまま活かした公園として市民に親しまれている（34ページ）。

皇族と華族は、明治の初めに新国家建設の屋台骨として東京に住むことを義務づけられた経緯から、東京に本邸を構え、先祖ゆかりの地や保養地、避暑地に別邸をもつのが通例だった。前田家の場合、昭和の初めの段階で故郷の金沢のほか、鎌倉と軽井沢に別邸をもっていた。このうち金沢はいわば帰省のための家であり、夏の始めに海辺の鎌倉に移り、暑さが増す夏のなかごろから残暑の頃まで軽井沢で過ごすというのが、お決まりの暮らし方だった。当時は皇族と華族に加えて実業家や在日欧米人といった特権階級の多くが同じようなライフスタイルだったことから、東京からほどよい距離にある鎌倉や軽井沢が保養地、避暑地として

大いに賑わった。

前田家が鎌倉の現在地に別邸を構えたのは明治23年ごろ。戦前このあたりの社交界の中心だった葉山の御用邸が明治27年の完成だから、鎌倉の別荘族のなかでは古参の部類に入る。前田家が早くから鎌倉に注目できたのは、日本の近代医学の祖であるドイツ人医学者ベルツが実は本郷の前田本邸の居候で、鎌倉を保養地として高く評価していたからという、いかにも名家らしいエピソードが残る。

現在の建物は、駒場の本邸の建て主でもある前田利為が建てたもので、昭和11年に完成した。鎌倉別邸は大正12年の関東大震災で倒壊して一度再建しているので、利為にとっては二度目の鎌倉別邸の建設工事ということになる。わずか10年ほどで建て替えることになったわけは、昭和に入って世間に不況と軍国主義の暗雲がたちこめるなか、東京でも五・一五事件や血盟団事件など特権階級をねらった事件が相次ぎ、家族の身を案じた利為が鎌倉に本居を移すことを計画したからと伝えられている。

設計は前田家お抱えの渡辺栄治、工事は前田家懇意の竹中工務店が請け負った。本邸のときとは違って家政評議会からの注文がほとんどなかった鎌倉別邸の建て替えに、利為は並々なら

4 重厚な扉の先にある玄関ホール　5 玄関扉上部の明り取りに施された装飾　6 玄関ホールのシャンデリア。部屋によって異なる数々の照明器具にも注目したい　7 窓からやわらかな光が差し込む階段

小高い丘の上にある青い屋根の館

鎌倉文学館を訪れて最初の印象になるのは、おそらく建物までの独特なアプローチだろう。遠くからは山の中腹に輝く青い瓦屋根が見えるのだが、麓の正門までいくと建物の姿はまったく見えなくなり、園路が緩やかなカーブを描いて深い緑のなかに延びている。園路をたどって登っていくと、「招鶴洞」と記された、いかつい門番のような重々しい雰囲気の石造りのトンネルが現れる。思わず引き返したくなる気持ちを抑えてトンネルを抜けると、周囲が途端に明るくなり、芝生の庭に南面して建つ洋館の横にたどり着く。さまざまな伝承に彩られた鎌倉らしい物語性を感じさせるこのアプローチは、前田家が鎌倉に別邸を構えて以来変わっていない。

建物の構造は、鉄筋コンクリート造りの平屋に木造の2階建てをのせた計3階建て。このうち2階以上が居住用のスペースで、1階を厨房や倉庫、使用人の部屋といった裏方用のスペースとした仕上

にあてた。駒場の本邸と比べてコンパクトで機能的なつくりになっている。建物南側の庭は一段高くつくられていて、2階前面の大きなテラスから直接降りることができるので、玄関も2階の側面に設けられているので、一見したところ通常の2階建ての住宅に見えて威圧感がないのも、この建物の一つの特徴だ。

庭に広く面した横長の外観は、鮮やかな青色のスパニッシュ瓦と明るいクリーム色の外壁で統一感を出す一方、切妻屋根や八角形の塔屋風のベイウィンドウで分割されて、小さな建物が肩を寄せ合って並ぶようにも見え、規模のわりに大きさを感じさせない。

内部は、北側に廊下を通して、由比ヶ浜を見おろす南側に部屋を並べており、どの部屋からも雄大な風景が楽しめる。文学館になったときに大きく改装しているものの、居室用のスペースの主要な内装はよく残されている。玄関ホールこそ、従来の華族好みともいえる手作り感のある金具や太い木材を用いたイギリス邸宅風の重厚な仕上げだが、ほかの居室はいずれも、直線や単純な図形を基調としたアール・デコに和風の意匠を加味してアレンジしたあっさりとした仕上

玄関扉

8 ベランダに面した2階の一室。ここはかつて食堂として使用されていた　9 美しいベイウィンドウのある第三寝室　10 2階の居間兼客間のステンドグラスは細やかなデザインが美しい　11 2階の第三寝室の鮮やかな色彩のステンドグラス　12 由比ヶ浜が一望できるベランダ。窓上部のステンドグラスと手すりのデザインが調和している

建築作品としての完成度では本邸におよばないが、建て主が追求した暮らしの創意工夫にあふれた別邸には、華族の家格を誇示した威厳のある本邸とはまた違った魅力がある。是非とも駒場の旧前田侯爵邸とあわせて鎌倉文学館を訪れてみてほしい。

げで、ところどころに設けた丸窓や六角形の窓のステンドグラスが目を引くぐらいだ。

駒場の本邸で利為の希望に反して建てられた和館はこの別邸にはなく、和風の要素は3階の西側に設けられた書院造りの座敷に集約された。

data

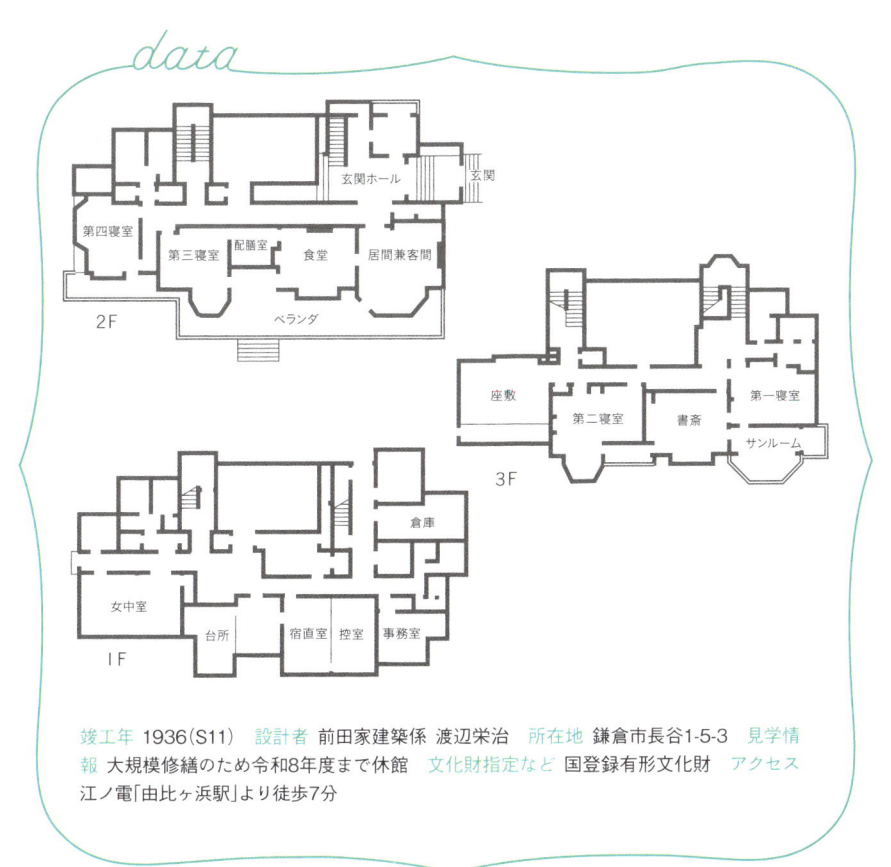

竣工年　1936(S11)　設計者　前田家建築係　渡辺栄治　所在地　鎌倉市長谷1-5-3　見学情報　大規模修繕のため令和8年度まで休館　文化財指定など　国登録有形文化財　アクセス　江ノ電「由比ヶ浜駅」より徒歩7分

イオニア式の柱頭は
デザインに
ひと工夫あり

円を連ねた手すりも
独特で美しい

バルコニーの両端を
丸くすることで
正面と側面がなめらかに
つながって見える

随所にちりばめられた繊細な装飾

玄関ポーチに施されたメダリオン

華麗なデザインに
まとめ上げた
明治期の秀作

鎌倉市長谷子ども会館（旧諸戸邸）

29
SINCE 1908
神奈川・鎌倉市

1 玄関扉上部の繊細なアイアンワーク　2 屋根まわりの華やかな装飾　3 1階円柱上部のメダリオン　4 ペディメントを備えた2階の窓

data

竣工年 1908（M41）　**設計者** 不詳　**所在地** 鎌倉市長谷1-11-1　**見学情報** 現在は非公開　**文化財指定など** 国登録有形文化財　**アクセス** 江ノ電「由比ヶ浜駅」より徒歩5分

古典様式の上質な設計

江ノ島電鉄の由比ヶ浜駅から鎌倉文学館に向かう途中、左手に広がる長谷の住宅街のなかに、いかにも洋館らしい屋根が垣間見える。この洋館は明治41年、株式仲買人の福島浪蔵（1860－1919）の自邸の一部として建てられたもので、関東大震災で多くの近代建築が失われた鎌倉では珍しい、明治時代の住宅建築である。大正10年に三重県を拠点とする諸戸産業の所有となったが、昭和55年に鎌倉市に寄贈され、現在は洋館を含む敷地の一部が子ども会館、敷地が児童公園として使われている。

建物の構造は、木造2階建て、寄棟造りの天然スレート葺きで、屋根の両端に尖塔状の特徴的な飾りが施されている。延べ床面積120㎡弱の小さな洋館だが、そのデザインは密度の濃い古典様式で統一されている。

正面を吹き放しのバルコニーとして、柱に古代ギリシャの建築に由来するデザイン（上にいくにつれて細くなる形）の円柱を用い、1階の円柱の上部にはメダリオン飾りをつける。このバルコニーを中心に、柱上の軒まわりや窓の枠などを古典様式で仕上げ、明治の洋館らしい手の込んだデザインで華麗に飾っている。

とくに1、2階の正面中央に設けた大ぶりの扉の枠は見応えがある。また、2階のバルコニーの鋳鉄製の手すりは、円をいくつも連ねた独特の形をしているが、これも全体の古典的なデザインによく馴染み、優美さを演出している。

バルコニーの両端を丸くしているので、正面と側面が流れるようにつながっているのも見所の一つ。外観で一番目立つ2階の正面から側面にかけて、上部にペディメントを備えた縦長窓を連ねるところも抜け目がない。建具や雨戸も当初のものが残されているようで、建物全体が醸し出す重厚な雰囲気に一役買っている。

小屋裏に残る棟札から建て主と建築年代が判明しているものの、設計者と施工者については残念ながら今のところわかっていない。ただし、きわめて華麗にまとめられたデザインの質や、当時は学校でしか学び得ない正規のトラス構造の小屋組からして、建築学を学んだ設計者の手によることはまず間違いないだろう。

現在は地域の子どものための施設となっているので内部を見ることはかなわないが、規模が小さいおかげで、通りから眺めるだけで明治時代の洋館の空気を十分に味わうことができる秀作である。

> 大屋根の一部を
> 切り上げた屋根窓が
> アクセント

> 柱を露出させた
> ハーフティンバー
> スタイル

> 目の前に広がる庭は
> ヴェルサイユ宮殿や
> シェーンブルン宮殿に通じる
> 幾何学的なデザイン

左右対称の幾何学式庭園から見た外観

1階ベランダの泉につけられた
ライオンの噴水口

旧華頂宮邸（旧華頂博信邸）

豊かな自然に囲まれた宮家ゆかりのお屋敷

30
SINCE 1929
神奈川・鎌倉市

1 玄関側から見た外観。2階部分がハーフティンバースタイル　2 破風に施された装飾　3 窓の鉄格子　4 南に面したテラス。開口部は1、2階ともに大きくとられている

華頂の姓を受け継ぐ華族の本邸

正面を海、三方を山に囲まれた天然の要害と評された武士の都、鎌倉は、今でもその地形をよく残していて、市街地の間際まで入り組んだ山裾が迫っている。この山裾にひだのように刻まれた無数の谷地は谷戸と呼ばれ、市街地からほど近い身近な緑地として鎌倉市民に親しまれてきた。鎌倉市街の東方にある谷戸の一つ、緑深い宅間ヶ谷のなかほどに華頂博信侯爵が昭和4年に建てた邸宅、通称旧華頂宮邸がある。

華頂博信（1905－1970）は、伏見宮家出身の旧皇族で、大正15年、21歳のときに皇族を離れ、華頂の姓と侯爵の位をたまわった。華頂という珍しい姓は、大正13年に断絶した華頂宮家から頂いたもので、最後の当主華頂宮博忠王が博信の実兄だったことにちなむ。つまり旧華頂宮邸は、実は華頂宮家の邸宅だったことはないのだが、宮家の邸宅に通じる風格のある佇まいから、自然と華頂宮邸と呼び慣わされてきた。

博信は、皇族男子の常として戦前は職業軍人として生きた。華頂姓を名乗ったのは、海軍兵学校を卒業して海軍少尉として身を立てたときで、ちょうどこのころに閑院宮載仁親王の娘、華子と結婚している。旧華頂宮邸の完成はその3年後。新たな生活の門出に博信が建てた新居がこの邸宅というわけである。

華族の本邸といえば東京に構えるのが通常で、なぜ鎌倉に本居を求めたかは判然としないが、華族の別邸が集まるなじみの土地で、かつ海軍の一大拠点の横須賀に近かったことが決め手だったと思われる。あるいは幼いころから閑院宮家の小田原別邸で多くの時間を過ごした華子の希望もあったのかもしれない。

ちなみに閑院宮家小田原別邸の洋館は、箱根の高級旅館、強羅花壇に移築され、料亭として使われている。この建物は昭和5年の建築で、旧華頂宮邸とは1歳違い、雰囲気も兄弟のようによく似ているので、機会があれば是非見比べてほしい。

ハーフティンバーの凛としたつくり

では、外観から見ていこう。構造は木造で、屋根裏付の2階建て、地下にはボイラー室が設けられている。延べ床面積は約580㎡、宮内省が建設費を負担する宮家の邸宅と比べると小振りだが、新婚家庭の住宅には申し分ない規模といえる。

外観はハーフティンバースタイルと呼

ハーフティンバースタイル

5 シックなアイアンワークが施された玄関扉　6 階段室を兼ねた玄関ホール　7 食堂の窓には上品なデザインのステンドグラスがはまる　8 広間から通じる食堂。天井縁のモールディングが特徴的

ばれる、木の構造体を外部に露出させてデザインの要素にした、西洋の伝統的な民家によく見られる手法が用いられている。一方で日本のハーフティンバーといえば、住友財閥総理事を務めた伊庭貞剛邸や三井財閥の迎賓館の一つ三井港倶楽部、九州の石炭王松本健次郎邸など、明治時代の終わりにトップレベルの財界人が建てた豪華な洋館が思い浮かぶ。旧華頂宮邸も遠目から見ると、整然と並ぶ柱と窓が際立ち、ところどころにアクセントとなる切妻屋根を配した大きな寄棟屋根とあいまって、民家というよりはやはり華族のお屋敷と呼ぶにふさわしい、安定感のある凛とした雰囲気を醸し出している。

洋館の北側から南側にまわると、谷戸の地形を活かし、山の緑を借景にした南北に長い庭園が広がる。直線の園路や四角い花壇などを左右対称に配置した、いわゆる幾何学式庭園で、こぢんまりとはしているが、フランスのヴェルサイユ宮殿やオーストリアのシェーンブルン宮殿と同じスタイルだ。そんな格式の高い庭園にあわせて、洋館の南面には、豪邸にお馴染みのライオンの噴水口を備えた半円形の泉をもつ、賑やかなデザインのバルコニーが設けられている。

民家由来のデザインの建物と宮殿由

9 二間続きの広々とした広間。手前と奥の部屋では窓の大きさや、天井の照明などが違い、雰囲気を変えている　10 木漏れ日の差し込む1階サンルーム　11 階段を上がって2階へ　12 特徴的なかたちの2階の天井　13 サンルームの窓に施されたアイアンワーク

家主が代わっても受け継がれる美

来のデザインの庭園という、聞く限りではいかにも奇妙な組み合わせを違和感なく自然にまとめ上げるのは、日本人建築家ならではの妙だろう。当時流行りのスクラッチタイルをさりげなく腰壁に使うあたりも堂に入っている。

北面中央の玄関からなかに入ると、大階段がある吹き抜けの玄関ホールに出る。内部は玄関ホールを中心にして、1階、2階ともに庭園に面した南側に主要な各部屋を並べ、ホールの東西に小部屋や台所や洗面所などの水まわりを設けている。外観から一転して柱を見せないつくりで、天井縁を飾るモールディングや主要な各部屋に据え付けられた大理石製のマントルピースなどは石造りの建物を思わせる。なお、マントルピースは本物の暖炉ではなくて、なかにスチーム暖房を備え付けたものだ。いかにも昭和初期の洋館らしい工夫といえるだろう。

なかをくまなく見ていると、たとえば1階、2階の両方に設けられたサンルームや、玄関ホールの波形の天井や黄土色のラフな壁の仕上げなど、部屋の並び方や内装にアンバランスな印象が否めないところがある。そういうところは後から改造されたところが多いのだが、旧華頂宮邸の場合、改造かそ

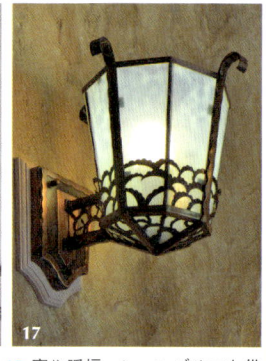

14 落ち着いた雰囲気の洋室（2階） 15 窓や暖炉、シャンデリアを備え、畳を敷いた2階隅の洋室 16 真っ白な壁がまぶしい洋室（2階） 17 2階一室のランプ 18 天井に施された装飾

おそらく旧華頂宮邸にもそういう資料があったはずなのだが、今のところ見つかっていない。だから、つくりからすればそれなりの実績がある建築家の作品であることは間違いないのだが、誰が設計したのかも残念ながら判明していない。

一方、建築好きからしてみると、設計者や改造の履歴がわかっていない建物を探り、痕跡や背後関係からあれこれと思いをめぐらせるのは、建物を見る上での醍醐味でもある。建て主の人生が明らかな華頂宮邸は、建築探訪を楽しむには格好の建物で、たとえば先に記した閑院宮家小田原別邸の洋館との類似性がどうも気にかかるといった具合。この洋館の設計者は陸軍技師の柳井平八。いかにも代々陸軍人の家系の閑院宮家らしい人選で、ならば代々海軍人だった華頂宮家は…と想像がふくらむ。

普通の住宅ならば、時々の住人が時々に応じた改造をするので、改造にも時代の特徴があって見分けがつきやすい。けれども旧華頂宮邸は、元々がさまざまなデザイン手法を自由自在に組み合わせた建物であることに加えて、それぞれの住人が建物の魅力を尊重してそれらしく改造しているものだから、その見極めが難しい。外観に大きな改造や増築がないのも、建物の価値が十分に理解され、暮らし継がれてきたことのあらわれだろう。

華族の邸宅ともなれば、上棟の時に納められた棟札があったり建設当時の設計図面が残っていたりするもので、

実は華頂家がこの家で暮らしたのは完成後の数年だけで、すぐに東京に引越してしまったのだ。ただし、その後しばらくは別邸として利用していたので、鎌倉の住まいが気に入らなかったわけではないようだ。おそらくは3人の子どもにめぐまれて家が手狭になったことや、貴族院議員になって生活が忙しくなったことがあったのだろう。とはいえ、戦前には既に借家として何人かに住み継がれ、さらにオーナーが2回代わり、平成8年に鎌倉市が取得して現在に至っている。

華族の邸宅の多くは、戦後に民間企業の手に渡って迎賓施設などに使われたか、あるいは公共施設に転用されており、60余年も住宅として使われ続けたものは数少ない。現在、華頂宮邸で常時公開されているのは庭園だけだが、年に何回かは洋館の内部も公開される。できれば洋館の公開日にあわせて華頂宮邸を訪れ、建物に刻まれた人生模様を探索してみてほしい。

19 2階には和室が2部屋設けられている　20 今風に改修されているが、建物全体の雰囲気とよく調和した浴室　21 2階から眺める幾何学式庭園。緑に囲まれ心もやすらぐ　22 2階のベランダ。あまり張り出していない

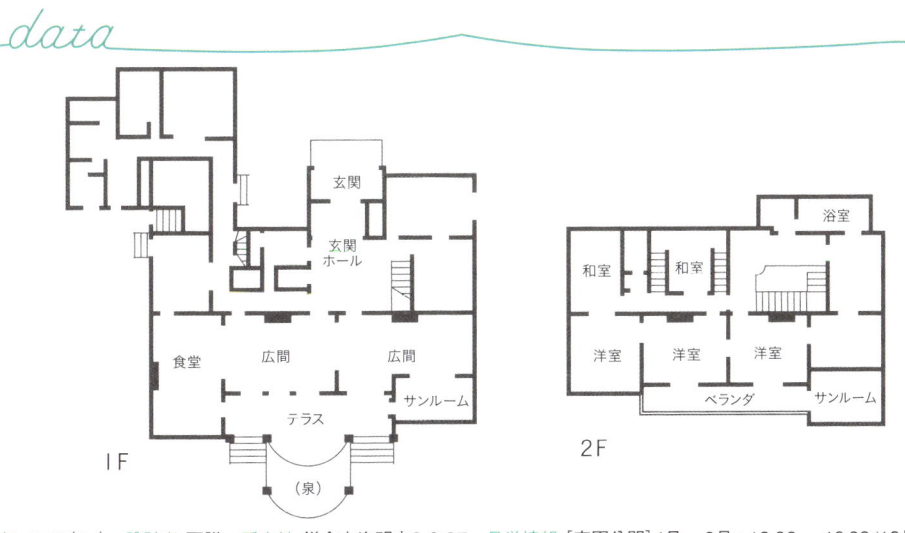

data

1F / 2F

竣工年　1929(S4)　設計者　不詳　所在地　鎌倉市浄明寺2-6-37　見学情報　[庭園公開]4月〜9月：10:00〜16:00/10月〜3月：10:00〜15:00　[休園]月曜日・火曜日(祝祭日の場合は開園とし、次の平日を休園)、年末年始　※建物内部公開は年2回　入館料　無料　文化財指定など　国登録有形文化財　アクセス　JR「鎌倉駅」でバス乗換「浄明寺」下車徒歩4分

> 2階の一部が
> せり出している

> 水平ラインを
> 強調させた
> デザインが
> プレリースタイル

> 幾何学模様の
> 玄関扉が
> ライト的

玄関外観。凹凸をつけた構造となっている

和室の明り取り

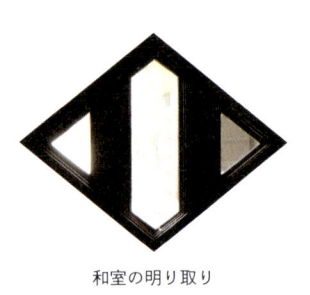

旧近藤邸（旧近藤賢二別邸）

ライト考案の様式に和の要素を織り込んだ

31
SINCE 1925
神奈川・藤沢市

1 横長の外観は、師ライトのプレーリースタイルを受け継いだもの　2 幾何学的な構図の玄関扉。内装も外観同様に落ち着いた色調で統一されている　3 テラスに面した壁。窓まわりなども、すべて直線で構成されている

横浜ゆかりの実業家の別邸

藤沢市街の中心部にある藤沢市民会館と秩父宮記念体育館の前庭の緑のなかに、軒の低い住宅風の建物がひっそりと建っている。この建物はもともと、横浜の実業家近藤賢二の別荘として鵠沼海岸近くの辻堂に建てられていたもので、昭和56年、保存を望む市民の声を受けた藤沢市が、現在地に移築保存し、以来、藤沢市民の生涯学習施設となって今日まで受け継がれてきた。

近藤賢二（1874―1948）は兵庫県出身。京都の同志社に学び、創始者新島襄の影響を受け、明治27年に卒業すると北海道へ渡り、牢獄教誨師として活動した。東京に移ってからも霊南坂教会の会員となり、クリスチャンとしての活動を続けていたが、幅広い人脈をもっていた政治家後藤新平の秘書官を務めたことをきっかけに実業家の道を歩むことになる。持ち前の頭のよさと語学の素養を買われて、明治33年、石油メジャーのロイヤル・ダッチ・シェルが日本法人として横浜に設立したライジングサン石油（現昭和シェル石油株式会社）の総支配人に26歳の若さで就任、これが生涯続く横浜との縁になった。

実業家に転身した近藤は、類まれなる経営手腕を発揮し、横浜電気鉄道株式会社の常務取締役、東洋電機株式会社の監査役、朝日石綿工業株式会社の社長など、横浜周辺の数々の企業の重役を務めて、地域経済の発展に大きく貢献した。

近藤が風光明媚な辻堂の松林のなかに別邸を構えたのは大正14年、実業家として円熟の域に達した51歳のときである。設計は、アメリカ建築界の巨匠フランク・ロイド・ライトの愛弟子として知られる遠藤新（1889―1951）。遠藤は、大正3年に東京帝国大学建築学科を卒業。当時、優秀な若手建築家が多く在籍していた明治神宮造営局に勤務したのち、帝国ホテルの新築計画のために来日したライトに師事して渡米、その才能が認められ、帝国ホテル新築計画のチーフアシスタントに抜擢された。設計の遅れとふくれあがる建設費用にしびれをきらしたライトが解雇された大正11年、東京に個人事務所を開設し、以後はライト直伝の設計思想を継承する建築家として活躍した。帝国ホテル本館をはじめ、一般にライトの設計といわれる旧山邑邸や自由学園明日館は、いずれもライトが残した計画をもとに、遠藤ら元所員が設計と工事を進めて完成させたものだ。

旧近藤邸は、ライトのもとを離れた遠藤が一建築家として手がけた最初期

4 ライト風デザインの暖炉がある居間兼食堂。暖炉の正面には造り付けのベンチが設けられ、くつろぎのスペースとなっている

の作品である。建て主の近藤と遠藤の関係ははっきりしないが、同志社の卒業生で思想家の浮田和民、自由学園創始者の羽仁夫妻が仲介したようで、皆が敬虔なクリスチャンであることから、信者同士のネットワークがあったと思われる。

プレーリースタイルと和の融合

建物の構造は、木造平屋建ての一部2階建て。南北に長い棟と東西に長い棟の2棟をT字形につないでいるから、どこからも横長に見える。軒を低く抑え、軒先がつくる水平のラインを強調したデザインで、屋根が勾配を抑えた棟の低い寄棟造りだから、近づくと屋根面が軒先に隠れて、さらに水平のラインが強調される仕掛けになっている。

こうしたデザインは、ライトが自らプレーリースタイルと称し、1890年代から1910年代にかけてシカゴ周辺で盛んに設計した住宅と共通している。草原の建築様式を意味するプレーリースタイルは、水平に果てしなく広がるアメリカの大地に根ざした、開放的な平屋を基調とした住宅を指し、石やれんがを積み上げたヨーロッパ由来の多層の住宅へのライトなりの対案でもあった。近藤が別邸の用地として購入した松林は3000坪もあったのでもあったといえば伝統的な建築と親和性のよい穏

で、遠藤にはまさにプレーリースタイルにうってつけの敷地に見えたに違いない。

内部は、玄関ホールとそのすぐ脇の大部屋の居間兼食堂を中心に、両脇に個室を設けている。2階は一部屋だけで居間兼食堂の上が大きなバルコニーになっている。居間兼食堂の真ん中には大谷石を幾何学的に組み合わせたライト風デザインの大きな暖炉があり、暖炉の反対側の壁全面を窓にしてゆったりとしたベンチを造り付けた、明るく落ち着いた佇まいである。居間兼食堂以外の居室はすべて畳敷の部屋で、床の間風の空間があったり、長押のような部材を壁にまわしたり、和風の要素がうまくデザインに取り込まれている。建具の統一された幾何学的なデザインは、まさにライト風といえるものだが、市松模様や連子窓といった日本の伝統的なデザインにも通じるので、畳の空間と実によく馴染んでいる。

ライトが独自の様式として売り出したプレーリースタイルは、たしかにアメリカでは従来にはない斬新な建築様式だったろうが、日本ではどちらかといえば伝統的な建築と親和性のよい穏

ライト風の暖炉

5 居間兼食堂の奥に位置する和室。畳の縁と建具のつくる直線がうまく調和している　6 大きな窓から光が差し込む廊下　7 1階の和室。黒枠の格子のデザインは部屋ごとに異なり、バリエーションに富んでいる　8 2階の和室。こちらの格子も面白い

健全な建築様式といえるだろう。遠藤は、統一的な造形表現に秀でた建築家だから、アメリカでライトが手がけたプレーリースタイルの住宅に触れたときに、そうした様式上の特質にすぐに気付いたに違いない。

日本の近代の住宅史は、文明開化とともに流入した洋館の系譜と、大工の技を引き継いだ和風建築の系譜といえよう、異なる二つの潮流で大きく分けられる。旧近藤邸は日本の住宅史上、洋館の進化の上にありながら、同時に和風建築の新しい方向性を示した、画期的な住宅建築といえるかもしれない。

data

2F バルコニー／サンルーム／和室／バルコニー

1F 和室／居間兼食堂／玄関／ホール／浴室／土間／台所／和室／(池)／和室

※部屋名は建設当時のもの

竣工年 1925(T14)　**設計者** 遠藤新　**所在地** 藤沢市鵠沼東8-1　**見学情報** [開館]9:00～17:00 [休館日]月曜日、休日の翌日、年末年始(12/28～1/4)　**入館料** 無料　**文化財指定など** 国登録有形文化財　**アクセス** JR「藤沢駅」より徒歩10分

凹凸のない
シンプルな
白い外壁は
モダニズム的

天気のよい日に
ベランダから
見る眺めは最高

大きくとられた開口部。
装飾も無く、
すっきりとしている

南側外観。モダニズム建築の影響が読み取れる

魚の形をした壁泉の吐水口

小田原文学館（旧田中光顕小田原別邸）

和を好む幕末の志士が
最晩年に建てた
真っ白な洋館

32
SINCE 1937
神奈川・小田原市

1 スペインから直輸入したというスパニッシュ瓦を葺いた屋根　2 玄関側から見た外観。土台まわりのタイル貼りがアクセントとなっている
3 黄金色のタイルと、三角形の透かし彫りが美しい玄関ポーチ

明治政府の立役者、田中光顕

小田原城跡の南側、閑静な住宅街が広がる西海子小路周辺は、江戸時代に武家屋敷が建ち並んでいたところで、「山よし海よし天気よし」と評された風光明媚な土地柄から、明治以降は華族や政治家の別荘地として発展した。また、文人や画家にも創作の適地として好まれたことから、戦前には文芸の中心地としても大いに賑わいをみせた。

そんな文化の薫り高い西海子小路の中心に、明治維新の元勲田中光顕が建てた別邸がある。現在、明治維新の薫り高い西海子小路の中心にあった和館が白秋童謡館となっているほか、和館の北側に尾崎一雄の自邸にあった書斎が移築、公開されている。

田中光顕（1843―1939）は、土佐佐川（現高知県佐川町）の郷士の出で、坂本龍馬や中岡慎太郎らとともに脱藩し、明治維新の実現に尽力した土佐の志士の一人である。元老院議官、警視総監、学習院長など要職を歴任したのち、明治31年に初代宮内大臣に就任。以後11年あまりにわたり宮中と政府を結ぶ要人として権勢を振るった。明治40年には伯爵に列せられ、名実ともに旧公家や旧大名の名家と肩を並べる家柄となった。

明治政界きっての権力者の一面をもつ一方、日本の歴史に深い造詣を有した文化人でもあったといい、政界を引退したのちは、自ら収集した維新の志士由来の歴史資料を一般に公開する青山文庫を設立するなど、明治維新の顕彰に余生を捧げた。桂浜を見おろす山に、あの有名な坂本龍馬の銅像も光顕の援助によって建設されたものである。日本の歴史に対する強い思いは建築にもおよんでいて、伝統的な和のデザインをこよなく愛し、現在も残る東京目白の本邸（焦雨園）と静岡富士川の別邸（古谿荘）は質の高い近代和風建築の名作として知られている。

光顕が小田原に別邸を建てたのは大正13年、82歳のときのことである。この別邸も、当初は木造2階建ての住宅と日本庭園という純和風の構成だったが、94歳を迎えた昭和12年になって、広い芝生の庭をもつ洋館が、和館の北側に新たにつくられた。和風好みの光顕が最晩年になって建てた斬新な洋館は、当時の小田原町民を大いに驚かせたと伝えられる。

華美な装飾を排した心地よい住居

建物の構造は、鉄筋コンクリート造りの3階建てで、台所や事務室、ボイラー室を備えた木造平屋建ての管理棟が附属する。延べ床面積は約360㎡で、華族の別邸としてはこぢんまりと

4 サンルームの大きくとられた窓からは美しい芝庭を眺めることができる

していて、スケール感は明治大正の洋館よりも、むしろ現代の住宅に近い。特段の装飾をしないでモルタル吹き付けで仕上げた外観は、戦後日本の建築の主流となり、ホワイトキューブとも称されたモダニズム建築の影響が読み取れる。また、スペインからの直輸入という、屋根に葺かれた独特の緑青色の光沢をもつスパニッシュ瓦や、3階のベランダに設けられた壁泉にスパニッシュの要素が入り込む。

玄関まわりに若干の装飾的な工夫が見られるが、仰々しく重厚に飾るのが通例の玄関ホールにも派手さはなく、実にあっさりとしている。内部は、北側の中央に階段を通し、各階の東側と南側に居室、西側と北側に浴室やトイレ、予備室を設ける構成である。大部分は文学館の展示室として改装されているので居室としての姿は失われているが、日当りのよい1、2階の角部屋に設けられた八角形のベイウィンドウが特徴的なサンルームは、今も芝庭の眺めが楽しめる休憩室となっていて、往時の様子を偲ばせる。相模湾や箱根方面の山々が望める大きなベランダと応接室からなる3階は、当時の雰囲気を色濃く残している。こちらも部屋の

スパニッシュ瓦

隅に簡略なマントルピースがあるくらいで、洋館につきものの厳めしさはなく、明るく居心地のよい部屋といった風情である。

このように、この建物は一般には洋館とはずいぶんと趣が異なる。たしかに、和風の要素が見られないし、別邸のなかで和館と対となっているという点では従来の洋館に値する建物ではあるが、これといった洋風建築の様式で仰々しく仕立てられてもいない。

設計の基礎となったのはおそらく、小田原沿岸部の穏やかな気候風土に適したつくりとすること、それから水道、電気、ガスといった新しい都市基盤に最適化した機能的なつくりにすることだったろう。光顕がこの家に求めたのは、武道にたとえれば、洗練された型ではなく、居心地のよい適度な間合だったように思える。

昭和10年代は、日に日に戦時色が強まるなかで質素倹約が奨励され、軍事施設以外の建物が建てられなくなった時代だった。小田原文学館の本館は、目に見える派手さはないが、しばらくいると快適に暮らすにはよくできた空間であることに気付く。生涯をかけて和の美を追求した光顕が最後に建てたこの家には、目には見えない和の心が込められているのかもしれない。

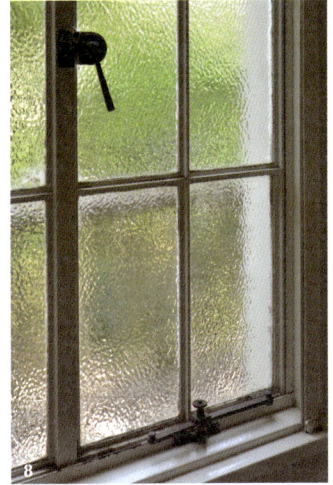

5 1階受付と階段付近。内装もいたってシンプル　6 相模湾や箱根の山々を望める3階のベランダ　7 3階にある広々とした応接室　8 階段のガラスは磨りガラスで、外からの光をやわらげている

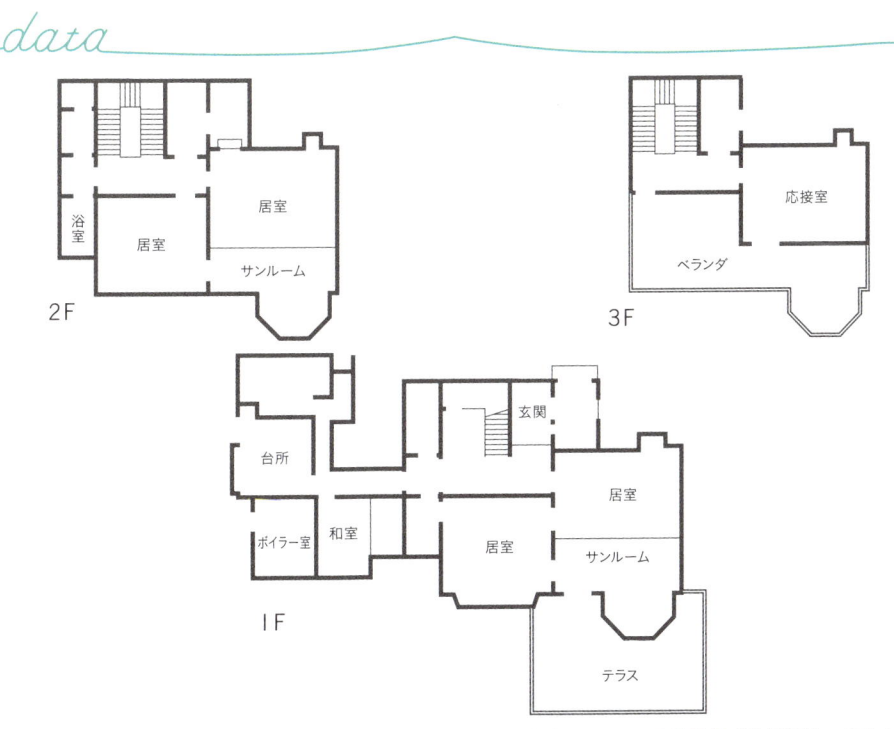

data

2F / 3F / 1F

竣工年　1937(S12)　設計者　曽禰中條建築事務所　所在地　小田原市南町2-3-4　見学情報　[開館]3月～10月 10:00～17:00/11月～2月 10:00～16:30(入館は閉館の30分前まで) [休館]月曜日(休日の場合は翌平日)、年末年始(12/28～1/3)、臨時休館あり　入館料　一般250円　文化財指定など　国登録有形文化財　アクセス　JR「小田原駅」より徒歩20分

死ぬまでに見たい 洋館の最高傑作

2012年10月 1 日　初版第1刷発行
2023年 5 月30日　　　　第6刷発行

著者　　　田中 禎彦（監修/文）
　　　　　小野 吉彦（写真）
　　　　　青木 祐介（文）
　　　　　金井　健（文）

発行者　　澤井 聖一

発行所　　株式会社エクスナレッジ
　　　　　https://www.xknowledge.co.jp
　　　　　〒106-0032
　　　　　東京都港区六本木7-2-26

問い合わせ先　編集　Fax：03-3403-1345
　　　　　　　　　　info@xknowledge.co.jp
　　　　　　　販売　Fax：03-3403-1829

無断転載の禁止
本誌掲載記事（本文、図表、イラスト等）を当社および著作権者の許諾なしに無断で転載（翻訳、複写、データベースへの入力、インターネットでの掲載等）することを禁じます。